한자 속에 숨어 있는 논술

한자 속에 숨어 있는 논술

| 이수석 · 현희문 지음 |

살림

머리말

교학상장하는 세상

필자는 가르치는 것과 배우는 것은 서로를 성장하게한다는 '교학상장教學相長'이란 말을 무척이나 좋아합니다. 학생들이 때로는 저의 스승이기도 하였습니다. 그리고 주변에 계신 많은 선배와 후배 교사들도 제겐 스승이었습니다. 학생들과 그 분들이 있어서 참 행복합니다.

언젠가 현희문 선생님의 수업을 들을 기회가 있었습니다. 한자의 유래와 글자 모형을 설명하는 것이 꼭 '한자는 그림이다' 는 생각이 들었던 수업입니다. 그림으로 생각한 한자는 그다지 익히기도 외우기도 어렵지 않았습니다. 그 한 시간은 한자에 대한 저의 생각을 송두리째 바꾼 문화적 충격이었습니다.

한자는 그림이다

말과 글을 갖고 있지 않았던 고대인들은 손짓, 발짓 등의 몸짓 언어(Body Languge)로 의견을 교환했습니다. 그리고 약속한 것을 잊지 않도록 그림이나 기타의 방법으로 표시하였을 것입니다. 줄을 묶거나, 돌멩이 숫자의 많고 적음과 크고 작음 등으로 말입니다. 사회가 발전하고 조직화되면서 사람들의 의사소통 방법도 발달하였습니다. 이것은 그림이나 기타 방법들이 약속에 의해서 추상화되면서 가능해졌습니다.

그림은 논리와 상상력으로 읽어야 한다

세상 사람들은 각각 하고 싶은 것이 있고, 하고 싶은 것을 위해서 계획하고 실천하며 살고 있습니다. 아이의 그림을 이해하려면 아이의 입장이 되어 아이가 갖고 싶은 것, 표현하고 싶은 것, 되고 싶은 것을 찾아야 합니다. 나와 너의 입장을 바꾸어 생각하는 역지사지易地思之는 상대를 이해하는 것, 그리고 논리적으로 따져보는 것의 시작이라 논리의 시작이라 할 수 있습니다. 그리고 아이의 입장에서 세상을 이해하고 해석하는 상상력이 있어야 그림이 아름답게 보입니다.

이 책은 그림에서 시작해서 문자로 완성된 한자를 그림과 문화로 설명하고 있습니다. 이런 설명 방법은 우리가 한자가 재미있고 익히기 쉬운 문자라는 것을 알게 만듭니다. 그리고 그 한자로부터 파생하는 상상력을 키우면서 주어진 글을 써 가다 보면, 어느새 논술과 한자에 대해 자신감이 생긴 스스로를 발견할 것입니다.

한자를 통해 상상력과 논리를 키워라

소개한 대부분의 한자는 정확한 유래를 제시하려고 노력했습니다. 그러나 이 책이 한자의 생성을 전문으로 밝히는 문자학을 논하는 책이 아니므로 한자를 암기하는데 도움이 안 되는 원리는 필자의 사견을 넣어서 쉽게 풀어 썼습니다. 이것은 한자의 학습을 보다 평이하게 하기 위해서입니다.

세상 모든 것들은 연결되어 있습니다. 한자도 삶을 표현한 것이기 때문에 글자와 글자가 서로 연관되어 있습니다. 한 글자의 유래와 의미를 알면 그와 관계된 여러 글자는 물론이고 문화까지도 알게 됩니다. 문화는 그 시대와 사회를 대표하는 생활입니다. 문화는 논리라는 틀을 가지고, 그 사회 곳곳에 논리라는 그물망으로 촘촘히 엮여져 관여하고 있습니다.

한자를 통한 주장하기와 이유달기, 논술실력을 키워라

한자는 그림에서 출발했기 때문에 처음 만들어 질 때의 모양을 상상해 보는 것이 가장 좋은 학습법입니다. 그러나 현재는 원래 그림 문자의 흔적은 많이 남아있지 않습니다. 그래서 본 책에는 현재 사용하는 한자는 진하게 표시해서 타이틀 형태로 나타내었고, 그 옆에 갑골문이나 전서를 흐린 글자로 표시하여 초기 한자 모양을 상상하게 했습니다. 또한 그림과 사진을 집어넣어 이해력과 상상력을 도왔습니다. 한자는 카오스 이론처럼 무질서 해보이지만 그 속에 아주 정교한 질서를 가지고 발전했습니다. 이러한 질서를 이용해서 일단 기초가 되는 한자를 익히고, 한자가 발전해온 단계대로 소개했기 때문에 외우기보다 읽으면서 이해할 수 있도록 하여 저절로 기억할 수 있게 했습니다. 이 방법은 과학적이며 경제적인 한자 학습법입니다.

한자는 처음 기본이 된 글자들을 만들고 그 후에 이런 글자들을 이용해서 서로 결합시켜서 발전해왔기 때문에 이런 과정을 역逆으로 다시 한자를 분해해서 접근하는 방법을 통해서 한자를 익히도록 하는데 중점을 두었습니다.

이제 한자의 유래와 생성 원리를 알고, 그 문화까지도 알게 되었다면 자신의 의견을 주장해 보십시오. 그리고 그 주장의 근거를 제시해 보십시오. 인간은 모두 무엇인가 하고 싶어하고, 되고 싶어합니다. 그것을 표현하는 것이 주장이고,

그 주장의 근거가 이유달기입니다.

이 주장하기와 이유달기의 훈련을 꾸준히 지속적으로 연습하고 생활화한다면, 한자공부는 물론이고 논술준비도 자연스럽게 될 것입니다. 왜냐하면 이 책은 끊임없이 생각하고, 모든 현상에 이유달기를 실천하도록 만들어졌기 때문입니다.

흐르는 물처럼, 대지의 바위처럼

언젠가 이 선생이 학생들과 놀면서 하는 수업을 보았습니다. 저렇게 하는 수업도 재미있겠구나 하는 장면이었습니다. 그리고 세월이 흘렀습니다. 아직도 이 선생은 학생들과 놀면서 가르치고 배우더군요. 그게 부럽고 좋아 보였습니다.

물은 흘러야 합니다. 물이 흐르기를 포기하면 그 물은 곧바로 썩습니다. 하지만 그 물이 흐르기만 한다면, 삶의 구분이 없어집니다. 해야 할 일과 하지 말아야 할 일, '예' 라고 할 때와 '아니요' 라고 할 때를 구분해 주고, 보여주어야 하는 것이 저희들 교사입니다. 흐르는 물처럼 살다가도, 때로는 대지의 바위처럼 중심을 잡고 흔들림 없어야 하는 것도 교사입니다. 그래서 저희는 '흐르는 물처럼, 대지의 바위처럼' 아이들과 생활하며 지냅니다.

감사합니다, 고맙습니다

우연히 시작한 일이 하나의 결실로 나왔습니다. 저희가 학교에서 생활하고 놀 수 있도록 해 준 모든 인연因緣들께 감사드립니다. 그리고 현희문이란 사람만나 많은 고생하다 제 2의 새로운 삶을 살고 있는 동반자 강경순 님께 특히 감사드립니다. 아름다운 것은 열심히 사는 것인가 봅니다. 오늘도 열심히 사는 이수석의 아내 강미정 님께도 감사의 말씀 드립니다. 세상의 모든 인연에게 다시 한번 감사의 말씀을 올립니다.

2007년 2월 20일 동산고의 동현재에서 현희문, 이수석

한자 속에 숨어 있는 논술

|차례|

제 1부. 한자를 통해 살피는 논술

3장. 한자로 살펴보는 약속

4장. 한자로 살펴보는 세상과 사람

쉬어 가는 페이지

플라톤과 아리스토텔레스의 대화

제 2부. 질문을 통해 살피는 논술

1장. 나로부터 시작하는 논술

2장. 사회, 문화 영역에서의 논술

3장. 정치, 경제 영역에서의 논술

4장. 생명, 과학 영역에서의 논술

다시 보는 페이지

제1부
한자를 통해 살피는 논술

1장

논리의 기초가 되는 한자

_ 한자는 어떻게 생겨났을까?

한자의 유래에 대해서는 많은 의견이 있습니다. 많은 학자들은 다음처럼 갑골문 → 금문 → 전서 → 예서 → 해서 → 행서 → 초서의 순서로 발달했다고 인정합니다. 이를 자세히 보면 한자는 그림에서 출발해서 지금의 형태로 굳어졌다고 할 수 있습니다. 물론 지금의 한자에서 옛날의 그림과 같은 모습을 찾기는 어렵습니다. 하지만 그 글자의 변화 흐름을 살펴 한자를 배우고 익힌다면 남들보다 탁월한 한자실력을 쌓을 수 있을 것입니다. 더군다나 창의성과 상상력은 남들보다 훨씬 뛰어나게 될 겁니다.

이 책에서는 먼저 갑골문을 제시하고 지금의 한자와 연관하여 상상하는 방법으로 글자를 설명하고 그로부터 파생한 글자를 익히려고 합니다. 하지만 모든 갑골문을 외우는 것은 불가능하기 때문에, 이 책을 공부하는 여러분은 아주 기본이 되는 한자의 부수는 무조건 외우거나 이해해야 합니다. 왜냐하면, 언어는 그림과 상징적 기호에서 출발하였고, 사람들 사이의 약속이기 때문에 '왜 그래요?' 라는 질문은 의미가 없기 때문입니다.

이 책에서는 한자를 분해해서 설명하는 것을 원칙으로 하였습니다. 한자는 처음 만들어졌을 때는 무엇인가를 나타내는 그림의 형태였습니다. 따라서 최초의 그림을 찾기 위해서는 한자를 분해해야 합니다. 또한 이 최초의 그림들을 서로 조합해서 새로운 의미를 나타내는 한자가 만들어졌습니다. 따라서 한 글자 한 글자의 한자를 분해해서 설명하는 것이 가장 좋은 한자 학습방법입니다.

또한 한자는 중국인들의 삶 속에서 발전해 왔기 때문에 중국문화 그 자체라고 해도 과언이 아닙니다. 그래서 한자공부를 통하여 중국인들의 문화와 전통을 함께 이해할 것입니다. 이런 과정으로 한자공부를 한 여러분이라면 아무리 유사한 한자라도 혼동하지 않고 쉽게 기억할 수 있습니다.

예를 들어 보겠습니다. 말을 나타내는 한자의 마馬는 오른쪽에서 보는 것 같이 일곱 개의 글자 모양으로 변화했습니다. 오른쪽 그림의 맨 앞에 있는 그림이 갑골문입니다. 그리고 두 번째 그림이 금문이고 세 번째 그림이 전서입니다. 전서까지는 거북이 배 껍질이나 돌 또는 대나무 쪽에 썼습니다. 세로로 긴 대나무 쪽 글자를 쓰려다보니 글자는 자연스럽게 길쭉한 형태가 되었으며, 특히 말 · 코끼리 · 돼지처럼 옆으로 긴 사물은 말 마馬의 말 그림처럼 세워서 그렸습니다. 하지만 네 번째 글자인 예서부터는 비단에 글씨를 썼기 때문에 글씨가 옆으로 넓어졌습니다.

馬 말 마

그림을 보면 첫 번째는 글자가 아니라 오히려 그림처럼 보입니다. 옛날 사람들은 이 그림을 그리기가 어려울뿐더러 똑같이 그릴 수도 없었습니다. 요즘처럼 복사기라도 있었다면 모르겠지만 말입니다. 그래서 모두의 약속으로 나타낸 글자가 두 번째 그림입니다. 하지만 이것도 글자보다는 그림에 가깝습니다. 더군다나 그리기가 어려워서 사용하기가 복잡하고 힘들었습니다.

세 번째 그림으로 오면서 이제 글자의 모양이 나타납니다. 글자는 그 누구라도 똑같은 의미로 쓰고 읽고 이해할 수 있어야 하는데, 세 번째 전서가 그림보다는 글자에 가까운 형태를 지니게 되었습니다. 세 번째 그림을 보고 사람들은 이 글자가 '말' 을 나타낸 것이라고 알게 되었습니다. 왜냐하면 이 글자를 말 그림 대신 '말馬' 을 나타낸 것으로 사람들은 약속을 하였고, 이 글자 속에는 말의 모양이 조금이라도 남아 있었기 때문입니다.

하지만 이 그림도 문자로서의 가치가 별로 없었습니다. 왜냐하면 문자는 누구나 읽고 쓰는 것이 쉬워야 했기 때문이지요. 그리하여 중국인들은 조금 더 쓰기 쉬운 글자를 만들기 시작했습니다. 그것이 네 번째 글자인 예서입니다. 그리고 다섯 번째에서 글자는 완성된 문자의 형태로 자리 잡게 되었습니다.

여섯 번째와 일곱 번째의 글자체는 글자를 더욱 더 멋있고 빠르게 쓰고자 나타난 결과입니다. 이 글자들은 학식 있는 사람들과 귀족들이 많이 사용하였습니다. 귀족들은 일반 백성의 문자와 차이가 있어야 한다고 생각했습니다. 그래서 그들은 일반 백성들 누구나가 다 쓸 수 있는 예서나 해서는 쓰지 않고 행서나 초서를 썼답니다.

오랜 시간 동안 한자는 변화했습니다. 이제 우리는 위의 한자 중에서 그림의 성격과 글자의 성격이 강한 세 번째 글자체인 전서를 가지고 공부할 것입니다. 물론 완전한 글자체인 예서와 한문 교과서에서 배우는 해서도 같이 공부할 것이고요.

이제 공부하기에도 힘들고 쓰기에도 어려운 문자인 한자를 공부해 볼까요?

手

손 수

수(手)는 손의 모양을 본뜬 글자입니다. 말 마馬처럼 첫 번째 그림은 손을 편 모습을 나타낸 것입니다. 그림을 잘 보면 손가락이 다섯 개 보이죠? 사람들은 세 번째 글자가 손을 나타낸 것이라고 약속을 했습니다. 동굴이나 땅바닥에 그린 그림을 보고 손을 나타낸 것이라고 알 수 있게 된 것입니다. 이렇게 약속해서 지내다가 네 번째 그림, 아니 이제부터는 확실한 글자겠지요. 네 번째 손 수手자를 쓰면서 문자의 기능으로 정착한 것입니다.

중(中)자는 누구나 알 수 있는 글자일 것입니다. 이 글자가 변화되어온 그림 중에서 제일 앞에 있는 갑골문을 보십시오. 그림을 보면 깃발을 꼽아 놓은 모양을 볼 수가 있습니다. 고대 중국에서는 전쟁이나 중요한 결정사항이 있을 때 부족들이 모두 모여 결정을 하였습니다. 이때 각 부족은 자기 부족의 문양이 그려

中

가운데 **중**

진 깃발을 들고 와서 광장에 세웠다고 합니다. 이 깃발을 중심으로 부족이 모였다는 것에서 '가운데' 라는 뜻이 되었고, 중심中心에 깃발을 꽂아서 '적중的中' 이라는 뜻도 나왔습니다.

지금까지의 공부와 학습이 어떠했습니까?

한자가 만들어진 과정을 통해서 공부하니까 쉽고 재미있지요? 앞으로는 이와 같은 방법으로 교과서에 나온 한자의 뜻과 낱말 뜻을 살펴 볼 것입니다. 또한 한자의 낱말과 단어를 이용해 실제적인 논술연습이 진행될 것입니다.

그래서 이 책의 제목이 '한자 속에 숨어 있는 논술' 입니다. 여러분은 선생님이 안내하는 대로 글을 쓰고 글자를 따라 쓰다 보면, 교과서에 나오는 많은 단어와 개념들을 자연스럽게 깨달은 자신을 발견할 것입니다.

공부하는 재미를 느껴 계속 책을 읽는 자신을 발견할 것이고, 글을 쓰거나 말하는 것에 있어서도 자신감을 갖게 될 것입니다. 자, 그럼 이제 한자의 그림을 찾아 공부하는 여행을 떠나보기로 할까요?

_ 한자가 말해주는 논리와 논술

논리와 논술의 기본적 도구는 '언어' 입니다. 언어는 사람의 생각을 표현하는 최고의 도구입니다. 도구는 사용하는 방법에 맞게 사용해야 오래 쓸 수 있고 최대한의 효과를 나타낼 수 있습니다. 언어 역시 이에 맞는 사용방법이 있습니다.

언어를 사용하는 방법이 바로 '논리' 입니다. 논리는 말의 질서와 원리를 정해놓은 것입니다. 그리고 논리를 기초로 자신의 주장을 타인에게 표현하는 설득적 글쓰기가 '논술' 이지요. 따라서 논술은 논리적 기초 위에 표현력과 설득력, 그리고 창의성을 가지고 있어야 잘 쓸 수 있습니다. 여기서 창의성이란 말은 기발한 상상력이 아닙니다. 현실에 기초해서 남들과는 다른 새로운 문제해결의 방법을 제시하는 것을 말합니다. 이런 창의성이 있어야 여러분은 자신의 논술문을 통해 다른 사람을 설득할 수도 있고 감명을 줄 수도 있습니다.

한자에서는 '논리' 와 '논술' 을 어떻게 말하고 있을까요? 혹, 우리가 모르는 의미가 숨겨져 있을지도 모릅니다.

길 잡 이

논리와 논술을 잘하려면 어떻게 해야 할까요? 많은 방법이 있습니다만, 가장 기본적인 것은 '메모의 습관화' 입니다. 메모를 통해서 자신의 생각을 정리할 수 있고, 먼저 할 일과 나중에 할 일을 구분할 수 있습니다. 그리고 메모를 하면서 새로운 아이디어가 떠오르기도 한답니다. 메모 자체가 훌륭한 글쓰기의 시작이기도 합니다.

선생님이 여러분에 추천하는 또 다른 방법은 자신만을 위한 절대적 시간과 공간을 만들고 거기서 행하는 '명상' 입니다. 명상하는 방법은 여러 가지가 있습니다만, 제일 좋은 것은 산보와 산행입니다. 그것이 환경적으로 어렵다면, 조용한 시간을 활용해서 자신의 생활을 돌아보는 '명상' 을 하는 것도 좋습니다. 메모의 습관화와 생각하기 훈련인 명상이 여러분에게 갖추어져 있다면, 그 다음부터는 논리와 논술이 아주 쉬워질 것입니다.

한자로 생각하기

논리(論理)

'논리論理' 에서 '논論' 이라는 글자는 '말씀 언言' 과 '조리를 세우다. 생각하다' 의 뜻을 가진 '륜侖' 이 합쳐진 형성 문자입니다. 그리고 '다스릴 리理' 가 합쳐져서 '논리' 라는 말이 나왔습니다. 따라서 '논리' 라는 한자어를 풀어보면, '말의 법칙과 원리를 따지는 것' 을 말합니다.

논술(論述)

어떤 것에 관하여 의견을 논리적으로 서술하는 것을 말합니다.

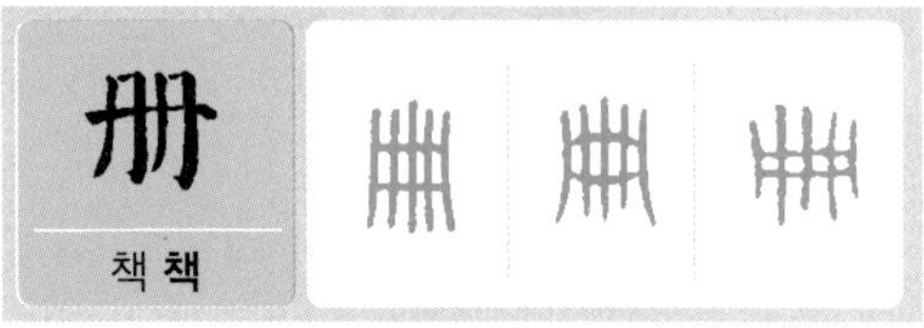

종이가 발명되기 전에는, 글씨를 대나무에 썼습니다. 손질해서 글씨를 쓴 대나무 한 개를 간簡이라고 하며, 재료를 강조해서 '죽간竹簡' 이라고도 했습니다. 그리고 이 간簡들을 가죽이나 노끈으로 엮은 것을 '책冊' 이라고 합니다.

책冊자는 죽간의 모양을 본떠서 만든 글자이며, 이 죽간은 종이가 발명되기 전까지 1700년 이상을 사용했습니다. 대나무에 글을 써야하기 때문에 글씨는 세로로 내려 쓸 수밖에 없었고, 글씨를 세로로 내려쓰는 중국인들의 관습은 여기서 만들어졌습니다.

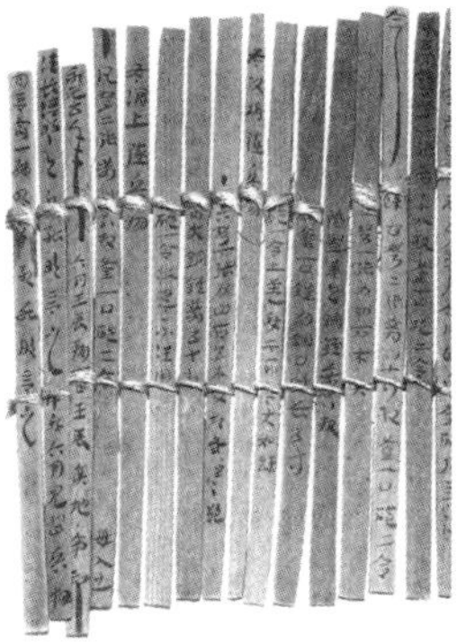

중국 한나라에서 사용하던 죽간

죽간竹簡 하나에는 글씨를 많이 쓸 수가 없습니다. 그래서 '간단簡單하게 쓰시오' 라는 말에 나오는 '간단' 은 죽간 하나에 쓸 분량의 내용을 말하는 것입니다.

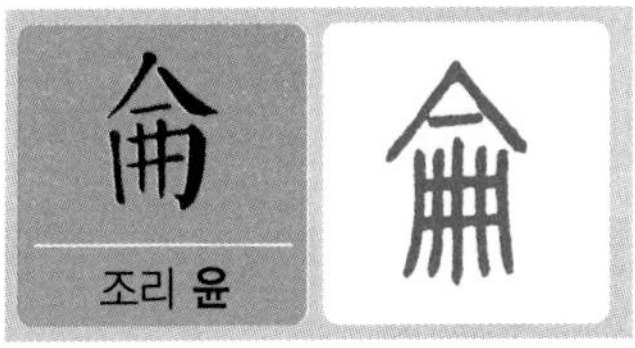

윤(侖)은 집亼과 책冊이 결합하여 '조리·원리' 를 뜻하는 글자입니다. 집亼은 모으다는 의미를 가지고 있으며, '모일 회會·합하다 합合' 에서 근거를 볼 수 있습니다.

위에서 설명했듯이 죽간을 먼저 엮어서 글씨를 쓴 것이 아니고 글씨를 쓰고 난 후에 죽간을 엮은 것을 책冊이라 합니다. 낱개로 된 죽간에 문장을 쓴 후 책으로 만들려면 내용을 보고 차례대로 조리·순서를 정해야 할 것입니다. 그래서 '조리條理를 세우다 · 생각하다' 는 뜻으로 확장되었습니다. 윤侖은 다른 글자와 결합해서 주로 사용합니다.

논(論)은 륜侖에 말씀 언言을 더해서 '논하다' 는 뜻을 갖고 있습니다. 죽간을 엮은 책冊이나 륜侖은 대나무를 사용했기 때문에 지금의 종이보다 두꺼웠습니다. 그리고 그것을 묶은 끈이 지금처럼 질이 좋지 않았기 때문에, 끈이 끊어져서 대나무들이 서로 차례를 잃어버리고 엉키는 경우가 많았습니다. 특히 글을 쓴 사람이 죽은 오래된 책의 경우, 사람들은 흩어진 대나무쪽을 읽어 보고 책의 순서를 바로 잡아야 했습니다. 순서를 바로 잡기 위해서 이야기하고 토의하고 토론하는 것을 논論이라고 합니다. 이처럼 의견을 교환하고 순서를 정한다는 뜻에서 '논의하다' 는 뜻이 생겨났습니다.

옛날 사람들도 의논하다가 의견이 맞지 않을 때는 말싸움이 벌어졌을 것입니다. 따라서 자신의 의견을 주장하여 다른 사람을 설득할 때는 조리를 세워서 말해야 합니다. 여기에서 '학설學說 · 사리事理를 밝히다 · 토론討論하다'의 말이 생겨 나왔습니다.

언론言論은 죽간의 차례를 정할 때처럼 자기 의견을 표현한데서 유래했습니다. 그래서 말로서 자기주장을 펼치는 행동을 '언론'이라 말하고, 그와 같은 기관을 언론기관이라 합니다.

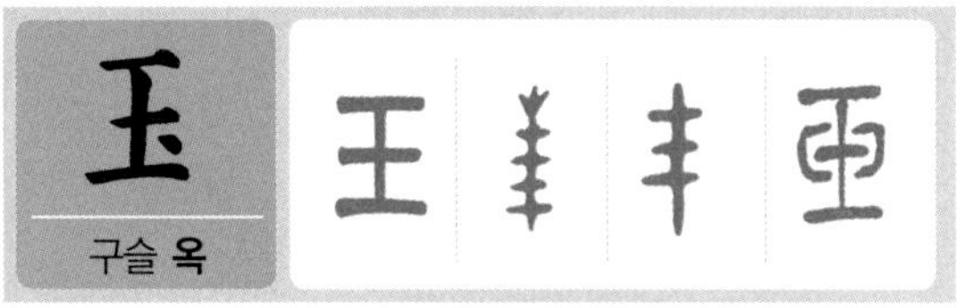

옥(玉)은 갑골문을 보세요. 실에 구슬을 꿰어 놓은 모양을 하고 있지요? 이를 본떠 '구슬'이라는 의미를 나타냅니다. 옥은 둥글기 때문에 '둥글다 · 반지 · 둘레'의 의미를 나타내는 글자와 결합해서 의미 부분을 담당하게 되었습니다. 반드시 알아두어야 할 것은 다른 글자와 결합할 때 왕王의 형태를 취한다는 것입니다. 다시 말해서 왕王은 단지 혼자 사용할 때만 왕을 뜻하고, 다른 글자와 결합의 형태에서는 옥을 뜻합니다.

이(理)는 이里와 구슬 옥玉이 결합한 글자로 '이치'를 나타냅니다. 마을 리里자는 밭 전田자와 흙 토土가 결합한 글자로, 흙은 사람이 사는 곳을 말하며 밭은 살아가기 위해서 곡식을 심고 기르는 땅을 말합니다. 곡식을 기르려면 혼자보다는 여럿이 힘을 합쳐 하는 것이 쉽고 더 많은 생산물을 얻을 수 있습니다. 이런 이유로 땅에 정착

해서 사는 사람들은 모여서 농경을 하기 시작했고 자연스럽게 마을이 만들어 졌습니다.

농작물을 심기 위해서는 밭에 이랑이라는 결을 만들어야 합니다. 배수로 인해서 농작물이 잘 자랄 수 있도록 말입니다. 옥을 가공할 때도 마찬가지입니다. 원석에서 옥이 들어있는 결(무늬)을 따라 갈아내야 아름다운 옥을 얻을 수 있답니다.

이理는 원석을 가공할 때 밭갈이하듯, 결을 따라서 이치에 맞게 다스려야 옥을 얻을 수 있다는 의미가 있습니다. 여기서 '이치 · 다스리다' 의 뜻이 확장된 것입니다. 나아가서 '무늬' 라는 뜻까지 더해졌습니다. 문리文理 목리木理라는 말을 살펴봅시다. 문리는 '문장의 무늬' 를 말하고, 목리는 '나 무의 무늬' 를 나타냅니다.

술(述)에서 출朮은 나무 목木자와 비슷하며 곡식인 '차조' 를 나타냅니다. 여기에 천천히 갈 착辶가 결합해서 '기술했다, 기록하다' 는 뜻을 나타냅니다.

착辶은 '간다' 는 뜻으로, 본래의 의미는 걸어가서 차조를 거둔다는 것이었습니다. 과거에 곡식을 추수하는 일반적인 방법은 부모님 일을 도우면서 농사의 방식을 따르는 것이었습니다. 여기서 그 방법을 문자로 기록하여 두면서 '기록하다 · 설명하다' 는 의미로 쓰게 되었습니다.

곡식을 거두는 과정을 기록하는 것이 '서술敍述' 이고, 논술은 그런 사항을 논리적으로 기술해 나가는 것을 말합니다. 따라서 '논리적이다' 라는 말은 언어의 질서와 법칙에 따라서 조리있게 설명하는 것을 말합니다.

기술技術에서 술術은 갈 행行과 차조 출朮이 결합해서 본래의 의미는 밭에 가서 차조를 심는 것을 나타낸 글자였습니다. 그러나 곡식을 심는 것은 숙련된 기술이 필요했기 때문에 '기술' 이라는 뜻으로 바뀌게 되었습니다.

논리적으로 생각하며 기초 다지기

1) 논술이란 무엇입니까? 여러분의 생각을 문장으로 표현하세요.

2) 논술을 잘하는 방법은 무엇이 있을까요? 여러분의 생각을 적어 보세요.

2장

논술과 구술을 대비하는 방법

_ 주장하기와 이유달기

금연구역인 학교에서 담배를 피우고 있던 선생님이 있었습니다. 뉘한테 들킬세라 숨어서 담배를 피우고 있었는데 한 학생이 "선생님! 학교는 금연구역인데요."라고 말했습니다. 창피하고 미안했던 선생님은 그 순간 담뱃불을 껐습니다. 그리고 담배를 영원히 끊었습니다.

여기서 금연구역일지라도 담배를 피우겠다는 것은 선생님의 나쁜 욕망이고, 금연구역에선 담배를 피워선 안 된다는 사회적 약속을 지키기 위해 담배를 끊은 것은 좋은 욕망이라고 할 수 있습니다.

사람은 누구나 어떤 것에 대해 자기 나름대로 바라는 것이 있습니다. 그 바램은 주장하기와 이유달기라는 방법으로 표현됩니다. 한 학생의 "선생님! 학교는 금연구역인데요?" 라는 말은 "선생님, 담배를 피우지 마세요."라는 주장과 "이곳은 금연구역입니다."라는 이유가 한번에 들어가 있습니다. 그래서 그 선생님은 담뱃불을 끈 것이지요.

우리는 원하는 것을 얻고자 할 때 말이나 글로 표현합니다. 이런 방법이 때로는 불편할 때도 있지만 이 과정을 통해 원하는 것을 전달하고 결과물을 얻을 수 있는 것입니다. 그렇다면 한자는 '주장' 과 '이유' 에 대해 어떻게 말하고 있을까요? 그리고 주장하기와 이유달기를 할 때 여러분이 느끼는 '불편' 에 대해서도 알아봅시다.

한자로 생각하기

주장(主張)

주장에서 주主는 움직이지 않는 상태를 나타내고, 장張은 활을 잡아 당겨서 줄을 거는 의미를 나타낸 글자입니다. 이 두 한자의 결합으로 만들어진 '주장' 은 자기의 의견이나 주의를 단단하게 확장해 나가는 것을 말합니다. 주장이 공격적인 의미를 갖고 있는 이유는 글자의 유래에 '활' 이 들어갔기 때문입니다.

이유(理由)

이理는 원석의 무늬를 따라가는 과정을 통해서 옥을 가공하는 것을, 유由는 수레의 굴대로 인해서 굴러갈 수 있음을 나타내는 글자입니다. 이 두 글자는 과정과 근거가 강조된 단어입니다. 이유란 어떠한 결론이나 결과에 이른 까닭이나 근거를 나타냅니다.

불편(不便)

불편은 말을 부리는데 채찍을 사용하지 않음을 나타낸 것입니다. 말馬은 말言로 해서 듣는 것도 아니고 채찍을 사용해서 그때그때 바로 잡아야 편리합니다. 따라서 불편이란 어떤 것을 사용하는데 편리하지 않음을 나타낸 것입니다.

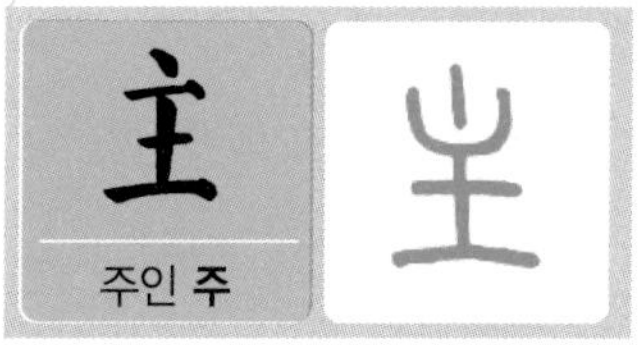

주(主)는 방안의 등잔 받침과 등불 모양을 본떠서 '주인' 을 나타내는 글자입니다. 전기가 없던 시절에는 촛불주위로 사람들이 몰려들어 각자의 일을 했습니다. 그래서 주主는 '주인 · 주인공主人公' 의 뜻을 나타냅니다. 그림에서 보듯이 사람이 꽉 잡고 움직이지 않으려는 모양을 표현한 것입니다. 불은 고정시켜 놓아야 하므로 다른 글자와 결합할 때 '고정하다' 는 뜻으로 사용합니다.

궁(弓)은 활의 모양을 그려서, 단독으로 사용하거나 다른 글자와 결합해서 사용합니다. 이弛는 활을 풀어 놓아서 늘어진데서 '느슨하다' 는 뜻을, 인引은 활을 잡아당기는 경계선을 표시해서 '잡아당기다' 는 뜻으로 사용된 것입니다.

장(長)은 머리와 수염을 길게 풀어헤친 모양을 그려서 '길다' 의 의미를 나타냅니다. 머리를 관리하지 못하는 것에서 나이가 많이 든

노인을 나타내게 되었습니다. 또한 나이가 많음을 뜻하는 연장年長이라는 의미와 세월이 오래 되었음을 뜻하는 장구長久라는 의미까지 확대되었습니다.

예전에 지식은 대부분 경험을 통해서 습득하였기에, 노인은 모든 일을 결정하는데 중요한 역할을 했습니다. 그래서 어른을 뜻하는 장長은 '수장首長 · 족장族長 · 사장社長' 에 쓰였습니다. 장손長孫은 손자들 중에 우두머리인 큰 손자라는 의미에서, 장점長點은 경험이 많은 어른들의 좋은 점이라는 뜻에서 유래한 것입니다.

장(張)은 활 궁弓과 길다 장長자의 결합으로 '베풀다' 는 뜻을 나타냅니다. 활은 줄을 걸지 않고 있다가 사용 할 때만 활시위를 잡아 당겨서 화살을 걸었습니다. 여기서 '잡아당기다' 는 뜻이 나왔습니다. 줄을 걸었으면 활의 탄력을 알아보기 위해서 측정도 해보고 당겨보기도 하는데서 여기서 '벌린다 · 확장하다' 는 의미도 나왔습니다. 자신이 가진 것을 남에게 확장하다는 뜻에서 '베풀다' 는 의미로 더 넓어진 것입니다. 장력張力은 활을 잡아당기듯이 서로 잡아당기는 힘을 뜻하고, 확장擴張은 영역이나 사업을 넓게 벌린다는 의미입니다.

한자와 한자를 결합시킬 때, 글자는 반드시 단순화 시킵니다. 이것은 한자가 가지고 있는 성격입니다. 물론 옥玉은 왕王보다는 훨씬 먼저 생긴 글자이기 때문에 왕王자가 옥처럼 고귀하다는 옥玉을 훔쳐서 사용했답니다.

이(理)는 23page 참조

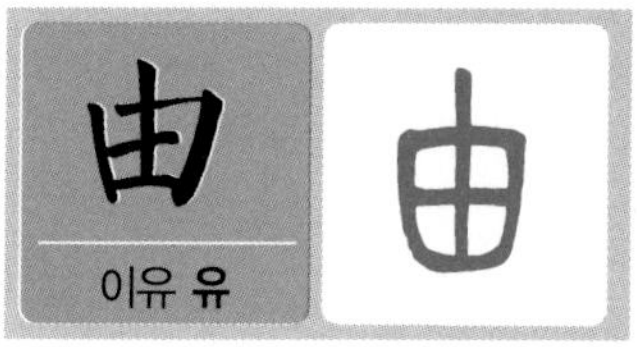

유(由)는 밭 전田모양에 삐쭉 솟아난 모양을 그린 것으로 전서에서 보듯이 어떤 몸체에서 삐져나온 모양을 그린 것입니다.

길게 삐져나온 부분이 중심이 되어 사물이 만들어진 중심, 즉 유래由來를 생각하게 되면서 '말미암다 · 유래 · 이유' 라는 뜻으로 전용되었습니다.

축軸은 사진처럼 수레의 바퀴가 굴러 갈 수 있도록 하게 하는 굴대를 나타낸 것으로 수레바퀴 가운데로 삐져나온 부분 때문에 유由를 사용한 것입니다. 이것은 수레 거車를 보면 그 근거를 찾을 수 있습니다.

바퀴가 굴러 갈 수 있게 하는 굴대

수袖는 옷 의衣와 결합해서 손이 삐져나온 옷의 부위를 지칭하는데서 '소매' 의 의미가 나온 것입니다.

유油는 밭에서 솟아 올라오는 물의 종류로 기름을 나타내며, 여기서 기름이 솟아나는 밭이라는 유전油田이 나왔습니다.

불(不)에서 위쪽 한 일一자 모양은 하늘을 나타내고 나머지 부분은 새를 나타내서 '새가 하늘로 날아간다' 는 의미를 형상화했습니다.

한번 날아간 새는 돌아오지 않습니다. 그래서 '아니다' 는 부정의 의미로 사용되었습니다.

'아니 불不' 자와 결합된 글자는 원래의 의미, 즉 하늘로 향하게 한다는 뜻을 나타냅니다. 높이 들어올리는 그릇皿을 나타낸 술잔 배盃에서 그 근거를 찾아 볼 수 있습니다.

지(至)는 불不을 뒤집은 것으로 밑에 한 일一자 모양은 땅을 뜻하고, 위쪽은 새를 뜻해서 새가 땅으로 날아드는 모양을 그린 것으로 '이르다'는 뜻을 나타냅니다. 그래서 지至와 결합되는 글자는 '이르다 · 도착하다'의 뜻으로 확장된 것입니다. 지극至極은 '극에 이르다'의 뜻이 되어 지至가 '지극하다'는 뜻으로 확장된 것입니다. 지성至誠은 지극한 정성을, 지존至尊은 지극히 존귀함을 말합니다. 동지冬至는 겨울에 해의 길이가 짧아지는 것이 정점에 달했다는 뜻이므로, 낮의 길이(볕 양陽)가 회복되기 시작되는 날입니다. 하지夏至란 여름에 해의 길이가 길어지는 것이 최고점에 달했다는 뜻이므로, 추위(그늘 음陰)가 회복되기 시작하는 날입니다.

경(更)자의 금문은 말 모양과 밑에 칠 복攵의 결합한 것으로 보입니다. 과거에는 말을 때리는 채찍을 나타냈지만 지금은 모양이 많이 변해서 상상할 수 없습니다. 그러나 채찍을 나타내는 편鞭자에서 근거를 찾아 볼 수 있습니다. '고치다'의 의미는 말이 길을 잘못 걸어가면 채찍질해서 '바로잡다'에서 나왔습니다. 말은 반복해서 바로 잡아 주어야 하기 때문에 '다시'라는 의미로 확장되었으며, 이때는 음도 '갱'으로 읽습니다. 삶을 다시 시작하는 것을 갱생更生이라고 하고, 어떤 직위에 있는 사람을 다른 사람으로 바꾸는 것을 경질更迭이라고 합니다. 음을 구별해서 읽기 때문에 각종 시험에 많이 나오는 글자입니다.

편(便)은 사람 인人과 고치다 경更의 결합으로 사람이 말채찍을 들고 있는 모양을 본떠서 옛날 사람들에게 말을 부리는 데는 채찍만큼 편한 것이 없었기 때문에 '편하다'는 의미를 나타냅니다. 또한 벼 화禾와 칼 도刂의 결합으로 벼를 베는 데는 칼이 이롭다는 데서 '이롭다 리利'를 만들었습니다. 이처럼 중국인들은 생활에서 느낀 점을 바로 문자에 반영해서 사용했습니다.

편便은 화장실에 가서 일 보는 것을 나타내는데 이때는 '변'으로 읽습니다. 변을 보고 나면 심신이 편해지지요? 그래서 편소가 아니라 변소便所라고 합니다. 사찰에 가면 변소를 해우소(解: 풀다 憂:근심 所:곳)라 하는데 근심을 풀어주는 곳이란 뜻으로, 역시 마음을 편하게 한다는 뜻이 들어있습니다.

돌 발 퀴 즈

다음 한자를 상상해보세요.

(1) 위에서 설명한 주(主)을 참고해서 다음 한자의 음과 뜻을 유추해보세요.

住__________ 駐__________ 柱__________

힌트: 住는 고정된 사람이 산다는 뜻으로 주민(住民)에 사용합니다.
駐는 말을 묶어둠을 의미해서 '머물다'라는 뜻이 있습니다. 옛날에는 말이 지금의 자동차의 역할을 했으므로 차를 머물게 한다는 '주차(駐車)'에 사용합니다. 그리고 우리나라에 머물고 있는 미군을 주한미군(駐韓美軍)이라고 씁니다.
柱는 한번 설치하면 절대 움직일 수 없는 나무라는 뜻으로 기둥을 나타냅니다.
세 글자 모두 主가 발음 기호 역할을 하여 '주'라고 읽습니다.

앞으로 여러분들은 주장하는 글을 쓸 때마다 위와 같은 4단계의 순서를 밟아서 쓴다면 편하고 쉽게 논술할 수 있을 것입니다.

제1단계에서는 자기주장에 대한 이유와 근거를 쓰게 될 것입니다. 그리고 2단계에서는 반대주장에 대한 소개가 될 것이고, 3단계에서 반대주장에 대한 또 다른 반대주장을 하게 됩니다. 그리하여 4단계에서는 다시 자신의 주장에 대한 확고한 주장을 강조하면서 논술을 정리할 수 있습니다.

예를 들면, 세계화 시대에서 여러분이 접하게 될 아래의 논제를 갖고 설명하겠습니다.

"품질이 떨어지더라도 국산품을 애용해야 하는가?" (그렇다, 아니다, 모르겠다)

제1단계(주장에 대한 이유제시) : 왜냐하면 자기가 살고 있는 곳에서 생산되는 물품의 가치를 지키는 것은 국가경제에 도움이 되기 때문이다.

제2단계(반론에 대한 소개) : 그러나 세계화 시대에는 지역, 국가의 개념보다 경제적 우위가 중시되므로 항상 국산품을 선택하는 것은 힘들다.

제3단계(반론에 대한 반론=재반론) : 그럼에도 불구하고 경제적 이익보다는 국가 발전과 민족번영을 위해 국산품을 애용하는 것은 가치가 있다.

제4단계(확고한 주장) : 따라서 잠깐의 경제적 손실은 있겠지만 국산품 애용은 미래의 후손과 민족을 위해 반드시 필요하다.

이 4단계의 주장 속에는 이유와 주장이 한꺼번에 사용되고 있습니다. 이러한 방식이 논술의 효과를 높여 줄 것입니다.

주장하는 글을 쓸 때는 우선

자기주장의 내용을 씁니다. 그리고 그 다음에

제1단계 : 왜냐하면____________________하기 때문이다.

제2단계 : 그러나____________________다.

제3단계 : 그럼에도 불구하고____________________다.

제4단계 : 따라서____________________다.

_ 돌려 말하기

우리나라 말에 '에두르다' 는 표현은 '어떤 내용을 바로 말하지 않고, 짐작하여 알 수 있도록 둘러서 말한다' 는 뜻입니다. '기분이 상하지 않도록 에둘러 타이르다' 가 그 예입니다. 이것은 직접적이고 단정적인 말을 간접적으로 말하는 '돌려 말하기' 와 통합니다. 돌려 말하기는 표현이 어렵기 때문에 조심스럽게 사용해야 합니다. 잘못하면 비꼬는 것처럼 들리거나, 무슨 말을 하는 것인지 모를 수도 있습니다. 이것은 돌려 말하기가 '완곡표현' 의 일종이기 때문입니다. 이런 이유로 말하는 사람이 잘못 표현하거나, 듣는 사람이 기분 나쁘면 비꼬는 것이 될 수 있습니다.

주장하기와 이유달기 지문에 나온 짧은 글을 예로 들어봅시다. 글 속에서 담배를 피우다 끊은 선생님은 제 모습입니다. 만일 그 때 학생들이 "선생님 담배 끄세요." 라고 직접적으로 말했다면 나는 화가 나서 나의 잘못을 반성하기 보다는 학생들을 야단쳤을 겁니다. 그러나 학생들은 지혜롭게도 "선생님! 학교는 금연구역인데요." 라고 에둘러 말했습니다.

이처럼 돌려 말하기 속에는 뼈가 있습니다. 차근차근 순서를 짚어내고, 이것을 완곡하게 표현하는 것입니다. 그렇다면 한자에서 말하는 돌려 말하기의 뼈대를 살펴볼까요? 돌려 말하기의 뼈대가 되는 '순서' 와 '암시' 를 통해 살펴봅시다.

한자로 생각하기

순서(順序)

순順은 사람이 고개를 숙인, '순종의 의미' 를 나타냅니다. 순종은 예절의 의미가 있으며, 예절의 기본은 차례를 지키는 것입니다. 서序 역시 차례를 의미합니다. 결과적으로 순서는 상하 간의 차례 관계나 일을 하는 차례를 나타냅니다.

암시(暗示)

암시는 어두운 날 구름 사이로 햇빛이 내려와 세상의 한 부분만 밝게 비춰주는 모양처럼, 모든 것을 다 보여주지 않고 간접적으로 일부분을 보여주는 것을 말합니다.

혈(頁)은 머리털 부분을 생략한 머리 수首와 사람을 뜻하는 인儿의 결합으로 '머리' 를 뜻하는 글자입니다. 머리 두頭, 목 항項, 수염 수須, 이마 액額에서 머리를 뜻하는 근거를 볼 수 있습니다. 현대 중국어에서는 페이지의 의미로 사용되고, 특히 인터넷에서 웹 페이지를 표시할 때 많이 씁니다.

순(順)은 내 천川과 머리 혈頁의 결합으로 '순종하다' 는 뜻을 나타냅니다. 물이 위에서 아래로 흐르듯이 머리를 조아려 순종한다는 의미입니다. 성질이 온화하고 순함을 나타내는 온순溫順과 순순히 잘 따름을 뜻하는 순응順應에 사용합니다.

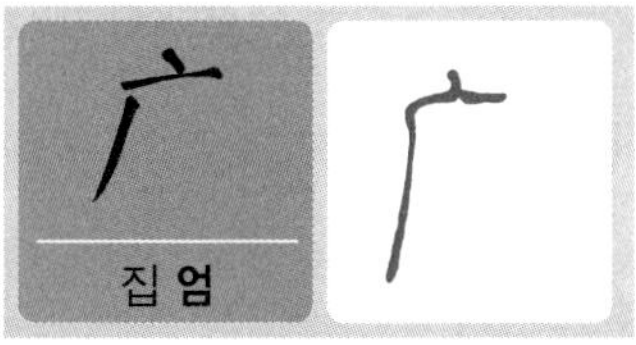

엄(广)은 벽이 있는 집을 그린 것으로 다른 글자와 결합해서 사용하며 '집'을 나타냅니다. 고庫는 사람이 들어가는 집이 아니고 수레를 넣어 놓는 곳에서 '창고'를 뜻합니다. '관청'을 나타내는 부府에서도 그 쓰임을 볼 수 있습니다.

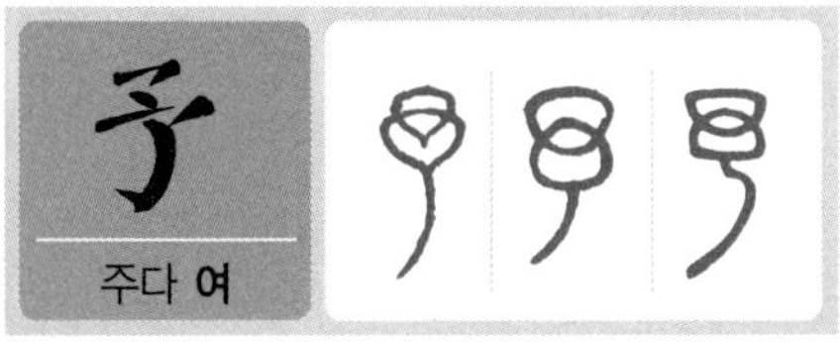

여(予)는 손에 들고 베를 짤 때 쓰는 도구인 '북'을 나타낸 글자입니다. 사진처럼 북에 달려있는 실의 모양까지 그린 것입니다. 북은 실을 풀어서 날실 사이에 씨실을 넣어주는 구실을 하기 때문에 행동을 강조해서 '주다'는 뜻이 되었습니다.

또한 베틀의 북을 운용하는 자체가 본인이라는 데서 '나'라는 의미로 바뀌었습니다. 그래서 북을 나타내는 글자는 나무 목木을 더해서 저杼를 만들었습니다. 서抒는 북과 손 수手를 결합시키고 행동을 구체화해서 '풀다'라는 뜻을 나타냅니다. 그리고 마음속의 느낌을 풀어낸다는 서정抒情을 말할 때 사용합니다.

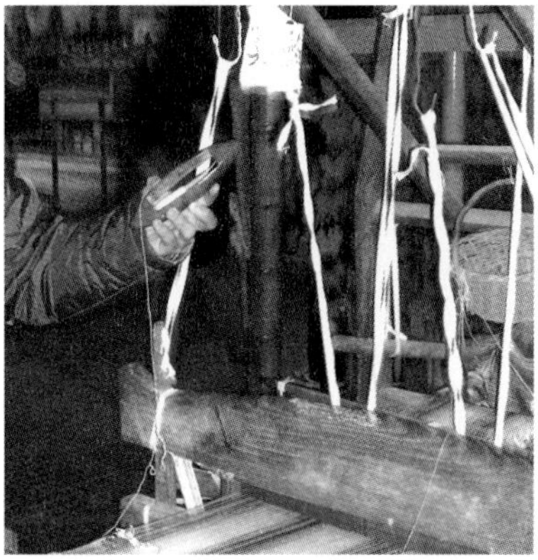
베를 짤 때 씨실을 넣는 북

서(序)는 집 엄广과 북 모양을 나타내는 글자가 결합해서 '차례'를 나타냅니다. 본래 의미는 집의 본채를 남향으로 짓고 동서東西로 이은 집을 나타냈습니다. 여기서 '차례로 이어지다 · 차례를 매기다 · 순서를 정하다'는 뜻이 나왔습니다. 그래서 장유유서長幼有序는 어른과 아이는 차례가 있어야 한다는 뜻으로 해석 합니다.

암(暗)은 날 일日과 소리 음音이 만나서 해가 져서 보이지 않고 소리만 들리는 형태를 형상화한 글자 입니다. 어둡기 때문에 안보일 것이고, 소리쳐 불렀을 것입니다. 또한 소리 음音은 어둡다 음陰과 소리가 같습니다. 한자는 이렇듯 같은 소리에서 같은 의미가 나오는 경우가 매우 많습니다. 암暗은 밝을 명明과는 상대적 의미를 가진 글자라고 이해하면 됩니다.

시(示)는 위 상上자의 옛글자인 두 이二자가 하늘을 나타내고, 밑의 세 줄은 해와 달과 별빛을 그려서 '보이다'라는 의미를 나타냅니다.

해와 달과 별, 이 세 가지 빛은 농경에 필요한 일조량과 비를 예측할 수 있는 절대적인 기준이었습니다. 사람들은 전지전능한 신이 해와 달과 별을 통해 뜻을 알린다고 생각해서 '보이다'를 나타낸 글자를 만들었습니다. 그래서 보일 시示와 결합된 글자는 모두 신神과 연관을 가지고 있습니다.

기祈는 신에게 사냥가기 전에 도끼 근斤을 놓고서 짐승을 많이 잡게 해달라고 기원 드리는 것으로 '빌다 · 구하다' 의 뜻을 나타내게 되었습니다.

빌다 도禱는 보일 시示와 목숨 수壽가 결합해서 신에게 오래 살 수 있도록 비는 모양을 나타낸 글자입니다. 화복禍福도 재앙이나 복은 하늘이 내리는 것으로 시示를 사용하는 것입니다.

시視는 '본다' 는 뜻으로 시示와는 의미가 다릅니다. 위력을 보이기 위해 여러 사람이 모이는 것을 '시위示威' 라 합니다.

이 글자는 시示가 다른 글자와 결합하는 부수로 사용할 때 쓰는 형태입니다.

礻

이 글자는 시示가 다른 글자와 결합하는 부수로 사용할 때 쓰는 형태입니다. 제사 사祀, 신 신神, 할아버지 조祖에서 볼 수 있습니다.

논리적으로 생각하며 기초 다지기

① "운동을 했더니 목이 마르네." ② "창문에서 바람이 들어와서 춥군요!" ③"얼굴이 개성있게 생겼네요." ④"조심성이 많으시군요." ⑤ "공은 이제 당신에게 넘어갔습니다." ⑥ "엄마, 옆집 철수는 새 신발을 신고 있던데…" ⑦ "식용유가 다 떨어졌네."

1) 얼굴이 못생긴 사람에게 하는 말입니다. 얼굴이 못생겼다는 직설적인 말 대신 간접적이고 우회적으로 하는 표현은?

2) 겁이 많은 사람에게 "에이, 겁쟁이!" 라고 직접 말하지 않고, 돌려 말하는 표현은?

3) 무언가 일을 결정하고 진행하는 책임이 상대방에게 있다는 것을 돌려 말하는 표현은?

4) 엄마한테 신발을 사달라고 할 때 쓰는 표현은?

5) 운동하고 와서 물을 달라고 할 때 쓰는 표현은?

6) 문을 닫아 달라고 이야기할 때 쓰는 표현은?

7) 식용유를 사오라고 이야길 할 때 쓰는 표현은?

정답 1)-③, 2)-④, 3)-⑤, 4)-⑥, 5)-①, 6)-②, 7)-⑦

_ 논술 속에 숨어 있는 구성

맛있는 요리와 탄탄한 논술을 만드는 것은 비슷합니다. 요리가 맛있으려면 제대로 요리할 수 있는 도구와 재료, 그리고 요리사의 실력이 있어야겠지요. 논술도 마찬가지입니다. 탄탄한 논술을 위한 도구는 원고지와 펜입니다. 논술의 재료는 어휘와 문장력, 표현력이랍니다.

요리 도구와 재료가 다 갖추어져 있다면, 그다음 맛있는 요리를 만드려면 어떻게 해야 할까요? 요리의 순서에 맞게 재료를 삶고, 끓이고, 조리고, 튀기고, 데쳐야 합니다. 재료의 특성에 맞게 순서를 정하는 것이 요리사의 실력입니다. 이렇게 요리사가 순서를 정하는 것과 논술의 구성을 짜는 것은 같답니다. 그렇다면 논술의 구성은 어떻게 짜야 할까요? 다음의 한자를 살펴봅시다. '구성' 에 대한 한자가 여러분들에게 답을 제시할 것입니다.

길 잡 이

요리와 논술은 마지막 공통점이 있습니다. 바로 평가를 한다는 것이지요. 특별한 요리의 평가는 미식가가 하듯이 특별한 글쓰기인 논술의 평가는 선생님이 합니다. 논술을 공부하고 연습하는 여러분은 가까운 선생님을 채점자로 삼으면 될 것입니다. 공부하고 노력하는 학생이 찾아와 도와달라고 하면 거절하는 선생님은 아무도 없답니다. 가까운 선생님을 활용하십시오. 정말 멋진 도우미가 되어 주실 겁니다.

한자로 생각하기

구성(構成)

구성은 '얽다 · 만들어 내다' 는 뜻을 가진 구構와 이룰 성成자가 합쳐진 단어입니다. 구성構成은 기둥이나 서까래를 얽어서 집을 짓듯이, 여러 요소를 모아서 '일정한 전체를 이루다' 는 의미를 가지고 있습니다.

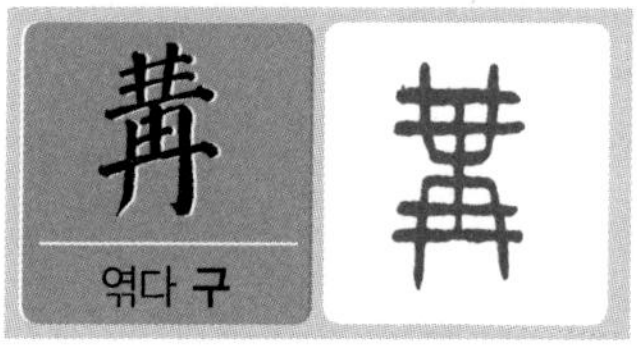

구(冓)는 전서에서 보면 알 수 있듯 상하를 대칭으로 그려, 차곡차곡 쌓인 나무를 엮은 모양을 본떠서 만든 글자입니다. 여기서 구冓는 '교차시켜 엮다' 를 나타냅니다. 이런 이유로 이 글자와 결합한 글자들은 관계나 모임을 의미하게 되었습니다.

구溝는 물길이 교차하는 곳을 나타내 '도랑 · 하수도' 를 말합니다. 강講은 말이 서로 오가고 얽힌다 하여 옳고 그름을 토론하는 강의講義를 나타냅니다.

구(構)는 나무 목木과 구冓가 결합해서 만든 글자입니다. 나무를 엮어서 집을 짓는 형태를 본뜬 글자로 집을 '짓다' 는 뜻입니다.

구構는 집을 짓는다는 의미에서 문장을 짓는다는 의미까지 확장되었습니다. 집을 짓거나 문장을 지을 때 제일 먼저 해야 할 것이 무엇일까요? 바로 어디에 집을 지을까 하는 계획과 문장을 어떻게 지을까 하는 구상입니다. 이렇게 계획을 세우고 생각을 많이 해야 하는데서 '생각을 짜내다' 를 나타냈으며, 다시 집이나 문장을 꾸며야 하기에 '꾸미다' 의 뜻으로 확장되었습니다. 구도構圖는 그림 도圖와 함께 그림의 모양이나 색깔의 짜임새를 나타내는 것을 말합니다.

성(成)은 도끼를 나타내는 무戊와 똑바로 서 있는 모양인 정丁이 결합한 글자로 도끼를 든 병사들이 '무리를 이루는 모습'을 나타낸 글자입니다. '무리를 이루다·만들다'는 데서 '달성·도달·이루어지다'의 뜻이 나왔습니다. 무戊에는 창 과戈가 들어가 있습니다. 창에는 여러 종류가 있고 그 중의 하나를 본 뜬 글자입니다. 중국은 대부분의 성을 만들 때 흙으로 만든 벽돌을 사용했습니다. 그래서 성城이라는 글자 속에 흙과 도끼를 든 병사들의 모양이 남아있는 것입니다.

돌발퀴즈

다음 한자를 상상해보세요.

(1) 위에서 설명한 내용을 참고해서 다음 한자를 음과 뜻을 써보세요.

購________________

힌트1: 貝는 조개모양에서 돈을 뜻하는 글자임.

힌트2: 구(購)는 돈을 나타내는 조개 패(貝)와 결합해서 돈으로 서로 엮기는 것은 물건을 사고파는 형상이므로 구입(購入)한다는 뜻입니다.

논리적으로 생각하며 기초 다지기

논술을 하려면 무엇을 어떻게 써야할까를 생각해야 합니다. 이것을 구성이라 합니다. 구성은 쉽게 말해 작전지도나 작전 계획서랍니다. 다음의 문제는 논술을 잘하기 위한 구성을 연결하는 것입니다. 작전 계획서를 생각하면서 아래의 문제를 풀어 봅시다. 네모 칸에서 알맞은 것을 골라 괄호 속에 써 넣으세요.

건축 설계도면, 시멘트 · 돌 · 철근 등, 건축하는 노동자, 거주하는 사람, 축구장, 축구공 · 골대 · 유니폼 · 호르라기 등의 축구 경기에 필요한 도구, 축구선수의 실력과 팀웍, 축구 감독과 코치, 관중

1) 논술의 구상—(　　　　　　　　　　)

2) 논술의 도구와 재료—(　　　　　　　　　　)

3) 논술의 실력—(　　　　　　　　　　)

4) 논술의 평가—(　　　　　　　　　　)

1) 논술의 구상—(건축 설계도면, 축구 감독과 코치)

2) 논술의 도구와 재료—(시멘트 · 돌 · 철근 등, 축구장, 축구공 · 골대 · 유니폼 · 호르라기 등의 축구 경기에 필요한 도구)

3) 논술의 실력—(건축하는 노동자, 축구선수의 실력과 팀웍)

4) 논술의 평가—(거주하는 사람, 관중)

_ 문질빈빈(文質彬彬)

공자는 '문질빈빈文質彬彬' 이라 하여 양자간의 '조화' 를 이상으로 생각하였습니다. 문文은 질質을 전제로 표현하고 변해야 합니다. 즉 옛것을 익히되 현 시대와 어긋나지 않으며 현대적인 것을 따르되 그 폐해에 물들지 말아야 합니다. 지혜롭게 산다는 것은 '문질빈빈' 을 할 수 있는 사람의 모습을 말합니다. 곧 전통성과 현대감각을 조화한 사람이 아름답고 멋있다고 할 수 있습니다.

문질빈빈이란 그 무엇인가를 아름답게 표현하려고 출발한 것으로부터 정신적 지성적 가치에까지 도달하는 것을 말합니다. 이것은 소재素材의 소박함 충실함을 의미하는 질質과 상대되는 개념으로 사용한 문文이 조화를 이루어, 나타내고자 하는 바를 효과적으로 표현한 것을 말합니다. 단적으로 '문文' 과 '질質' 은 '꾸밈과 본질' 이라는 개념으로 이해하면 됩니다.

좋은 논술은 글의 바탕인 '질質' 이 풍부하고 좋아야 합니다. 그 질을 바탕으로 논리 정연하며 창의적인 '문文' 을 작성해야 합니다. 문文과 질質이 조화를 이룰 때, 효과적이며 설득적이며 논리적인 글쓰기가 이루어집니다. 문과 질은 별개가 아니라 항상 같이 있어야 할 것입니다.

사람들은 문文과 질質 중에서 문文이라는 결과물을 갖고 사람을 평가하고 이해합니다. 질質은 문文으로 나타났을 때만 그 존재를 인정받을 수 있습니다. 왜냐하면 문文이라는 단어는 '가치의 표현' 을 의미하며, 질質을 효율적으로 나타내는 방법이며 도구이기 때문입니다.

문文은 쉽게 말해서 그 무엇을 나타내는 '형식' 을 말하고 질質은 그 형식에 담기는 '내용' 을 말합니다. 논술과 세상살이 모두에서 문文과 질質, 형식과 내용은 항상 조화를 이루어야 합니다. 그것이 공자가 말하는 문질빈빈의 진정한 의미입니다.

여기서는 문질빈빈의 글자를 살펴보고, 좋은 논술은 어떻게 해야 하는가를 살펴보겠습니다.

한자로 생각하기

문질빈빈(文質彬彬)

본질과 꾸밈이 서로 조화를 이루어 과하지도 부족하지도 않음을 말합니다.

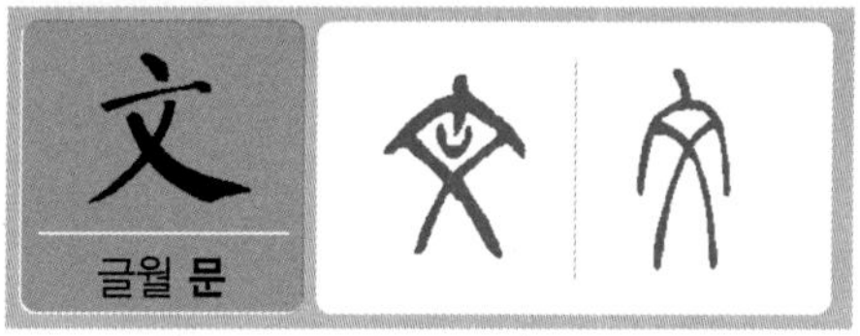

문(文)은 옆의 그림처럼 사람의 가슴을 강조해서 그린 글자입니다. 특히 가슴에 새긴 문신을 그린 것입니다. 중국은 사람이 죽으면 장례 절차에 따라 가슴에 문신을 새겨주는 풍습이 있었습니다. 일종의 염이며, 화려한 문양을 새길수록 예를 갖춘 장례라 여겼습니다.

이처럼 문文은 초기에는 문신文身을 나타내는 글자였지만, 문신이란 몸에 무늬를 새기는 데서 무늬로 다시 '문자'로 의미가 확장되었습니다. 왜냐하면 초기 문자는 그림 자체였기 때문입니다. 예전에 죽은 사람에게 이름을 내리는데 문文자 들어가는 것은 여기에서 유래한 것입니다. 다시 실 사糸를 더해서 무늬를 나타내는 문紋자를 새로 만들었습니다.

특히 문文은 본래 문신을 뜻했기 때문에 가장 원시적인 그림에 가까운 산山이나 나무 목木 등의 그림 문자를 나타냅니다. 다시 문文과 문文을 서로 결합 시켜서 새로운 수풀 림林과 같은 글자를 만들었는데, 이런 과정이 마치 집에 아이가 불어나는 것처럼 글자 숫자가 늘어남으로 자字라 해서, 오늘날 문자文字라는 단어가 생긴 것입니다.

그래서 천문학天文學은 하늘이 생긴 모습이나 형태에 관한 학문입니다. 이것은 문文이 원래 무늬를 나타내는 글자라는 근거입니다.

문文이란 설명한 것처럼 죽은 사람의 덕을 높이고 찬양하기 위해서 더욱 화려한 문신을 새긴다는 의미에서 다시 '빛내다 · 채색 · 얼룩' 으로 의미가 확장되었습니다.

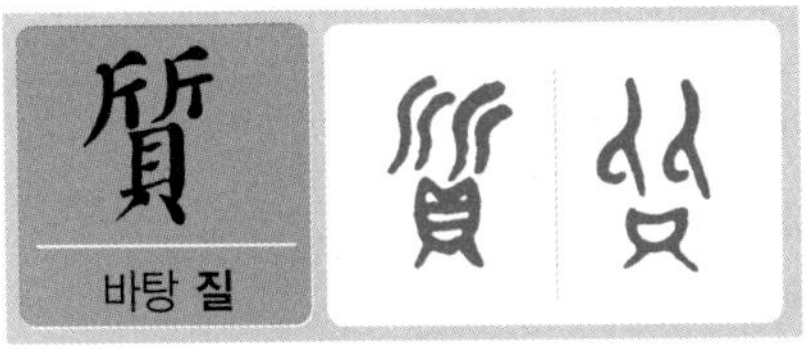

질(質)은 도끼 근斤자 두개와 조개 패貝의 결합으로 본래 의미는 '저당' 의 뜻으로 인질人質에서 사용의 예를 볼 수 있습니다. 도끼로 나무 등을 잘라서 가지런히 하는 것에서 물건과 같은 가격으로 돈을 빌린데서 의미가 나온 것으로 보입니다. 다시 '바탕, 꾸미지 않은 본연의 성질, 묻다' 의 뜻으로 의미가 넓어 진 것입니다.

삼(彡)은 털의 모양을 본떠서 '털' 과 '햇살' 을 형상화한 의미를 나타냅니다.

예전에 중국의 필기도구는 털로 만든 붓을 사용했습니다. 이것으로 그림을 그린 것에서 '색칠 · 무늬' 의 의미가 유래했습니다. 채색하다 채彩에서 흔적을 볼 수 있습니다. 또한 햇살이 사물에 비추는 것을 형상화 한 글자로는 그림자 영影자가 있습니다.

빈(彬)은 햇살 모양의 삼彡과 결합하여 숲 사이로 햇살이 들어오는 것을 나타낸 것입니다. 이것은 극장에서 조명을 받는 모습을 연상해 보면 알 수 있습니다. '스포트라이트를 받다' 는 말과 의미를 상상해 보시면 될 것입니다. 여기에서 '빛나다' 는 의미를 가지게 되었으며 이것은 문과 질을 갖춘 훌륭한 모양을 말하게 되었습니다.

논리적으로 생각하며 기초 다지기

문질빈빈文質彬彬에서 문文은 형식을 나타내고 질質은 내용을 뜻합니다. 내용과 형식이 조화롭게 짜여져야 한다는 것이 빈빈彬彬인 것이죠.
내용은 형식을 통해서 자신을 나타냅니다.
문은 이름을 나타내며 질은 이름을 나타내는 내용이라는 것입니다. 다음에서 문(형식), 질(내용)을 구분해 보세요.

볼펜, 이름, 학생증, 주민등록증, 운전면허증, 여권, 신분증

1) 문:

2) 질:

힌트1: 볼펜 이름 주민등록증 학생증 운전면허증 여권

힌트2: 학생증, 주민등록증, 운전면허증, 신분증등으로 표현하는 사람.

즉, 이름으로 나타나는 대상 자체

3장

한자로 살펴보는 약속

_ 약속의 또 다른 얼굴

사람들은 크고 작은 문제를 평화적으로 해결하기 위해 약속을 만들었습니다. 오랜 기간에 걸쳐 형성된 관습과 물리적인 힘을 쓸 수 있는 법은 약속의 다른 형태라고 볼 수 있습니다. 약속의 발생 과정을 살펴보면 관습 → 도덕 → 법의 순서로 발달했습니다. 그리고 사람들은 관습과 도덕, 법을 지키면서 세상을 살아갑니다. 이렇게 복잡하고 많은 약속들을 왜 지키는 것일까요? 한자는 위 세 가지의 약속에 대해 어떻게 말하고 있는지 알아봅시다.

한자로 생각하기

관습(慣習)

관습은 일관되게 행동해서 익숙해진다는 관慣의 뜻과 반복을 통해서 익힌다는 습習의 결합으로 만들어진 한자입니다. 한 민족이나 사회 구성원들 사이에서 오랜 시간동안 만들어진 질서나 풍습을 말합니다.

도덕(道德)

도덕은 인간이 가야할 길, 인간답게 행동하면서 남에게 베푸는 행동과 자세를 말합니다.

법(法)

법은 국가의 강제력을 수반하는 사회 규범이나, 공공 기관이 제정한 법률, 명령, 규칙 등을 말합니다.

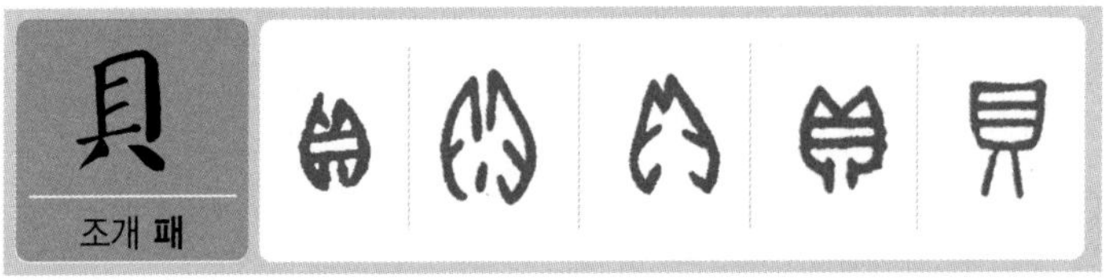

패(貝)는 마노조개를 본뜬 글자로 본래 조개를 의미했습니다. 갑골문을 보면 마노조개 모양을 찾을 수 있습니다. 이 마노조개는 중국 사람들에게 귀한 물품이었습니다. 때문에 마노조개는 돈으로 사용하게 되었고, '돈' 이라는 의미로 바뀌었습니다. 그래서 패貝가 들어간 한자는 돈과 관련이 있습니다.

관(貫)의 위쪽을 보십시오. 무毌처럼 생긴 글자는 물건을 꿰놓은 모양을 나타냅니다. 의미를 확실하게 하기 위해 무毌와 조개 패貝가 결합한 것이지요. 오른쪽 마노조개의 사진을 보십시오. 마노조개는 실로 위에서 아래쪽으로 꿰어서 보관해야만 편리했습니다. 여기서 '관통貫通하다' 는 뜻이 나왔습니다.

마노조개

엽전 가운데에 네모난 구멍을 뚫은 이유는, 예전의 마노조개를 꿰는 관습 때문에 만들었다고 합니다.

네모난 구멍이 뚫린 엽전

후에 돈은 은銀덩어리를 사용하게 되었는데 여기서 돈을 나타내는 은銀자가 들어가 '은행銀行' 이라는 명칭이 생겼습니다. 또한 조개를 꿰어 놓은 것을 보고 사람들은 연결의 의미를 떠올렸습니다. 그래서 선조로부터 조개 목걸이처럼 이어져 왔다고 하여 성씨의 본관本貫을 말할 때 사용합니다.

관(慣)은 마음 심心과 관貫의 결합으로 '버릇' 을 나타냅니다.

조개 목걸이를 꿰놓은 것처럼 이어져 내려온 마음에서 '버릇' 이라고 한 것입니다. 버릇을 반복하다 에서 '익숙하다' 로 의미가 넓어졌습니다. 익숙해졌다는 의미에서 '규범' 이라는 뜻으로 확장되었습니다.

우(羽)는 새 날개 모양을 그린 글자로 '깃털' 을 나타냅니다. 보통 짐승의 털은 모毛로 표현하고, 새의 털은 우羽로 나타낸답니다. 비飛는 새의 머리털과 날개를 그려서 '날아간다' 는 뜻이고, 비非는 날개가 서로 어긋나있는 등진 모양에서 '잘못되다 · 비리' 를 나타내게 되었습니다.

또한 새는 날개 양쪽이 달려 있어야만 날 수 있습니다. 여기서 다를 이異와 결합해서 날개 익翼을 만든 것이며, 날개는 하늘을 나는데 도움이 되기 때문에 '돕는다' 는 의미까지 확장 되었습니다.

습(習)은 깃털을 나타내는 우羽와 흰 백白이 결합한 글자로 '익히다' 를 나타냅니다. 백白은 엄지손가락과 손톱을 그린 것으로 손톱색으로 인해서 '흰색' 을 뜻하게 되었습니다. 또한 손가락 중에서 제일 힘이 센 엄지손가락을 나타내었기에 '우두머리 · 처음' 이라는 의미를 가지고 있습니다. 이 글자와 우羽가 더해져서 만든 '습習' 은 새가 처음 깃털이 생겨서 날기를 연습하는 의미가 됩니다.

아기 새가 하늘을 날기 위해서는 많은 시간을 반복해서 어미 새로부터 날개짓하는 것을 배워야 합니다. 이런 과정을 수없이 되풀이 하여 몸이 기억할 수 있을 때, 새는 날아갈 수 있습니다. 날기 위해서 부단히 노력하는 새의 이러한 과정처럼, 공부도 반복 연습練習을 해야만 배우고 익힐 수 있다는 의미에서 '학습學習' 이라고 합니다.

왼쪽의 전서를 보고 상상해 보십시오. 수首는 머리털과 눈썹 그리고 눈을 그린 모양으로 '머리' 라는 뜻을 나타낸 글자입니다. 여기서 눈 목目자를 세워서 그린 이유는 앞에서 말한 죽간 때문이지요. 대나무에 글씨를 가로로 쓰면 좁았기 때문에 세워서 쓴 것입니다. 머리 수首는 몸의 맨 위쪽에 위치하는 관계로 '우두머리 · 처음' 이라는 뜻으로 확장되었습니다. 그래서 국가의 통치권을 가진 사람을 '원수元首' 라고 합니다.

착(辶)은 사용이 많은 한자로 '쉬엄쉬엄 간다' 라는 뜻을 나타내며, 다른 글자와 결합해서 사용하는 부수글자입니다. 이것을 보통 책받침이라고 가르치고 배우는데 잘못된 이름입니다. 글자의 의미를 결정하는 글자이므로 암기해두어야 합니다.

도(道)는 머리 수首와 천천히 갈 착辶의 결합으로 '길' 을 나타냅니다.

길은 사람이 가는 길과 짐승이 다니는 길이 있는데, 착辶과 머리 수首가 결합해서 사람이 가는 길을 말합니다. 사람이 가는 길이기에 짐승처럼 행동하지 말아야 한다는 의미에서 '이치 · 도리' 라는 뜻으로 확장되었습니다.

척(彳)은 걸어가는 다리모양을 본떠서 만든 글자로 '천천히 가다' 는 뜻을 나타냅니다. 이 글자와 결합하는 글자는 모두 '가다' 는 뜻이 되므로 알아두어야 합니다. '천천히 갈 서徐 · 따르다 종從 · 가다 왕往' 등이 여기에 속하는 글자입니다.

덕(德)은 천천히 가다 척彳과 곧을 직直과 마음 심心의 결합으로 만들어진 한자입니다. '척彳' 과 '착辶' 은 모두 '간다' 는 의미가 있으므로 덕德은 곧은 마음이 가는 길을 나타냅니다. 원래는 눈으로 똑바로 본다는 의미였는데 바르게 살아가려는 곧은 마음을 뜻하게 되었으며, 남에게 바르게 대하는 것도 덕의 의미가 됩니다.

일설에는 열 십十과 눈 목目, 하나 일一과 마음 심心, 그리고 천천히 가다 척彳이 합쳐졌다고 말합니다. 열 사람이 하나 된 마음으로 주변의 힘든 사람을 살피면서 천천히 걸어가는 것을 '덕德' 이라고 해석하는 사람도 있지요. 그러나 이것은 글자의 자형을 갖고 의미에 맞게 해석한 것일 뿐입니다.

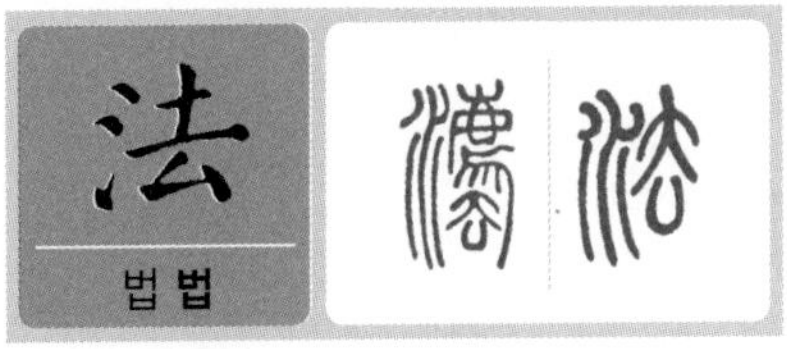

법(法)은 물 수水와 갈 거去가 결합해서 '법' 을 의미합니다.

항상 평평한 상태를 유지하려는 물처럼 법法 또한 만인 앞에 평등해야 합니다. 금문에 보면 상상의 동물인 해태 치廌자를 결합한 것을 볼 수 있습니다. 해태의 사진을 참고하십시오. 전설 속의 해태는 신기할 정도로 잘잘못을 가려내서, 죄인을 뿔로 들이받아 응징했다고 합니다. 여기서 법法은 잘못한 사람을 응징한다는 의미를 갖게 되었습니다. 치廌는 바로 상상의 동물인 해태를 형상화한 것이며, 사슴과 비슷하다고 생각해서 사슴 록鹿자와 유사하게 그렸습니다.

전설 속의 해태

돌 발 퀴 즈

다음 한자를 상상해보세요.

(1) 위에서 설명한 착(辶)을 참고해서 다음 한자의 음과 뜻을 유추하세요.

返__________

逃__________

힌트1: 反은 '뒤집다, 반대로'를 뜻함.

힌트2: 조(兆)는 어떤 일이 일어나려는 조짐을 나타냄)

힌트3: 返은 쉬엄쉬엄 간다는 착(辶)과 뒤집다 반(反)이 결합해서 가던 길을 다시 돌아온다는 뜻이며 반(反)이 발음기호 역할을 합니다.

도(逃)는 움직이려는 조짐을 나타내서 '도망치다、달아나다'는 뜻을 갖고 있습니다.

논리적으로 생각하며 기초 다지기

가) 도덕이란 무엇인지 문장으로 답해 보세요.

도덕이란 ______________________

____

____

나) 도덕이 없어지면 발생하게 될 현상을 문장으로 3가지 이상 답해 보세요.

(1) ______________________

(2) ______________________

(3) ______________________

다) 관습 · 도덕 · 법의 공통점은 무엇이고 차이점이 무엇인지를 설명해 봅시다.

(1) 공통점 ______________________

____

____

(2) 차이점 ______________________

____

____

_ 향기로운 약속, 예절

사람이 풍기는 냄새는 두 가지가 있습니다. 한 가지는 누구나 좋아하는 냄새이고 다른 한 가지는 누구나 싫어하는 냄새입니다. 사람이 풍기는 냄새를 우리는 예절이라고 합니다. 예절을 갖춘 사람은 향기로운 냄새를 풍기고, 예절을 갖추지 못한 사람은 고약한 냄새를 풍기지요.

예절은 한 민족이나 사회 집단이 오랫동안 함께 살아오면서 사람들 사이에 굳어진 습관적인 약속을 말합니다. 반가운 사람끼리 악수를 하고, 나이 드신 분에게 존경의 뜻을 표하며, 가정의례에서 일정한 격식을 차리는 것은 예절에 해당합니다.

한자에서 말하고 있는 예절이란 어떨지, 공부할 준비가 되었나요?

한자로 생각하기

예절(禮節)

예절禮節에서 '예禮'는 신에게 제사를 지낼 때 정하는 의식의 차례와 정성을 나타낸 글자입니다. 그리고 '절節'은 대나무 마디처럼 순서를 강조하는 의미가 있는 글자입니다. 한자에서 예절의 덕목은 차례를 지키는 것, 곧 나이 많으신 어르신을 정성을 다해 먼저 모시고, 어린 자가 나중에 행하고 따르는 것이었습니다.

豆

콩 두

두(豆)는 일상에서 사용하는 그릇이 아니고, 제사에 사용하는 그릇모양을 본떠서 만든 글자입니다. 제사를 지낼 때는 그림처럼 뚜껑

이 있는 목이 긴 그릇을 사용했습니다. 목을 길게 한 것은 두 손으로 공손하게 잡도록 만든 것이며, 그릇의 높이가 높은 것은 '높이 받든다' 는 의미에서 만들었습니다. 글자 위에 있는 한 일一자는 그릇의 뚜껑을 표시한 것이지요.

제사용 그릇

두豆는 나중에 '콩' 이라는 뜻으로 바뀌어 사용하게 되었습니다. 이것은 콩과 콩 사이의 모양이 그릇의 목처럼 가늘게 이어져서 그러한 것으로 보입니다. 강낭콩 껍질에 들어있는 콩과 콩 사이를 상상해 보십시오.

예(禮)는 풍년이 들어 산적 모양의 음식을 가득 쌓아 놓고 신示에게 제사를 올리는 모양에서 '예절 · 인사 · 예물' 이라는 뜻을 나타냅니다. 고대 중국에서 제사는 매우 중요한 일이었습니다. 더군다나 제사는 수확에 대한 고마움을 신에게 전하고, 다음 해에도 올해처럼 풍년과 번영을 기원하면서 예절을 표시하는 자리였습니다. 이와 같은 사실은 '콩·제기 두豆' 를 설명한 것처럼, 곡식과 제물을 담아놓는 그릇모양까지도 예를 갖추어 제작한데서 추측해 볼 수 있습니다.

풍豊자는 제사를 지낼 때 목이 긴 그릇에 음식을 가득 차려서 올리는 모양을 본뜬 글자입니다.

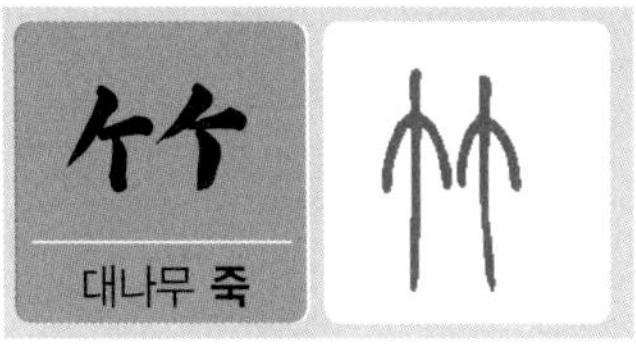

죽(竹)은 대나무 잎을 그려서 나타낸 글자입니다. 풀이나 대나무는 군락을 이루기 때문에 나무 목木처럼 하나를 사용하지 않고 두 개를 연속으로 썼습니다. 사람들은 대나무의 속이 비고 하늘로 곧게 자라서 하늘의 뜻을 인간에게 전달한다고 여겼습니다. 이 때문에 점을 보는데 대나무를 사용했고, 점에 관한 글자에 '죽竹' 자를 결합시켰지요.

절(㔾·卩)은 무릎을 꿇고 앉아 있는 사람을 본떠서 '무릎' 이나 '마디' 를 나타내며, 주로 다른 글자와 결합해서 사용합니다.

인印은 손톱 조爪의 변형과 마디 절卩이 결합해서 이 만든 글자입니다. 무릎을 꿇고서 도장을 찍는다는 의미를 형상화한 글자로 '도장' 을 나타냅니다. 도장 찍듯이 글을 박아낸다는 것에서 인쇄印刷하다는 의미에도 사용하게 되었습니다.

절(節)은 죽竹과 마디 절(㔾·卩)이 들어있는 것으로 보아 '대나무 마디' 를 의미합니다. 대나무 마디는 일정한 간격으로 만들어 지기 때문에, 일정한 규범을 나타내서 '법과 본보기' 라는 뜻으로 의미가 확장되었습니다. 시절時節 · 명절名節에 사용하는 절節은 일정한 날짜를 나타내기 위해 사용하게 된 것입니다.

절약節約은 대나무 마디처럼 법도에 맞게 사용한다는 뜻입니다. 쓸 때 쓰고 아낄 때 아끼라는 의미가 절약입니다. 그래서 절전節電이란 전기를 아끼기 위해 전기를 완전히 끄고 아무 일도 하지 않거나 못하도록 하라는 의미가 아닙니다. 절전은 법도에 맞게 전기를 사용하라는 것입니다.

절차節次는 대나무 마디의 차례를 나타낸 말로 대나무 마디처럼 일을 '순서에 따라 한다' 는 뜻입니다.

돌발퀴즈

다음 한자를 상상해보세요.

(1) 위에서 설명한 두(豆)를 참고해서 다음 한자의 음과 뜻을 유추해보세요.

頭__________

힌트1: 혈(頁)은 머리를 나타내는 글자입니다.

힌트2: 혈(頁)은 머리를 나타낸 것으로 우리 인체에서 豆처럼 생긴 부분인 머리를 나타내며 두(豆)로 발음합니다. 정답은 머리 두(頭)입니다.

논리적으로 생각하며 기초 다지기

가) 예절이란 무엇인지 문장으로 답해 보세요.

예절이란

나) 예절이 없어지면 발생하게 될 현상을 3가지 이상 문장으로 답해 보세요.

(1)

(2)

(3)

다) '법 없는 세상' 의 좋은 점과 나쁜 점을 한 문장으로 설명하시오.

(1) 좋은 점

(2) 나쁜 점

_ 가족이 되는 약속, 결혼

가족이란 인류의 가장 기초적인 집단이며 인간 형성의 최초사회입니다. 이 가족의 형성은 결혼이란 제도를 통해서 정당성을 얻게 됩니다. 여러분은 결혼이라는 것을 생각하면 어떤 것이 제일 먼저 떠오르나요? 결혼식을 올리고, 두 사람이 부부가 되는 것 이외에도 '결혼' 속에는 복잡한 의미들이 많답니다. 한자어에서 말하고 있는 '결혼'의 의미를 차근차근 살펴봅시다.

한자로 생각하기

결혼(結婚)

결혼은 남녀가 정식으로 부부 관계를 맺음을 뜻합니다. 혼婚에서는 씨 뿌리는 모양의 씨氏와 결합한 것으로 보아 아이, 즉 씨를 생산한다는 의미가 내포하고 있습니다.

씨(氏)는 손에 씨앗을 들고 고개를 숙인 사람을 형상화한 글자입니다. 여기서 씨앗은 식물만을 뜻하는 것이 아니고 동물과 인간에게도 적용됩니다. 김씨金氏는 바로 김金이라는 씨앗을 받았다는 의미지요.

집을 나타내는 엄广과 결합한 저底는 집의 밑바닥을 나타낸 뜻에서 '밑 · 바닥'의 뜻으로 쓰입니다.

종이를 나타내는 지紙는 씨氏의 모양을 빌려, 엎드려 종이를 한 장 한 장 떠내는 모양을 나타낸 것입니다. 그러나 종이가 발명되기 전에는 비단을 사용했기 때문에 실 사糸를 결합시켜서 씨氏와 구별한 것입니다.

손에 씨앗을 들고 고개를 숙인 사람들

혼(昏)은 아래쪽으로 저물어가는 태양을 나타내서 '어둡다 · 저물다 · 해가 지다' 라는 의미입니다. 전서 글자만 보아도 고개를 숙이고 일하는데 저 멀리 태양이 서서히 저물어 감을 느낄 수 있습니다. 공부하던 것을 잠시 멈추고 해질녘 들판의 농부들을 상상해 보십시오. 이 글자의 의미가 보일 것입니다.

혼(婚)은 계집 여女와 '저물다 혼昏' 의 결합으로 '혼인' 하다는 뜻을 나타냅니다. 고대인들은 남녀의 혼인을 음과 양이 만나는 것으로 여겼습니다. 그래서 음과 양이 만나는 저물어 가는 시간에 예식을 했고, 이런 의미를 포함시켜서 만든 글자입니다.

해가 저무는 시간에 예식을 올리려면 가장 먼저 불을 밝혀야 했습니다. 지금도 결혼식을 올릴 때 제일 먼저 촛불을 켜는 것은 이러한 옛 풍습에서 유래한 것입니다. 빛낼 화華와 촛불을 나타내는 촉燭을 사용해서 결혼식을 '화촉華燭' 이라 하는 것도 고대풍습에서 유래했습니다.

취(取)는 귀 이耳와 손모양인 우又의 결합으로 '취하다'는 뜻을 나타냅니다. 고대인들은 전투에서 전과를 보고하기 위해서 증거로 죽인 사람의 왼쪽 귀를 잘랐습니다. 여기서 상대방의 목숨을 '취하다'는 뜻으로 확장되었지요.

적을 죽이고 머리를 베어 갔다면 부피가 커서 운반하는데 어려웠을 것입니다. 전쟁의 결과를 보고할 때는 확실한 물증이 필요했으므로, 머리를 대신해서 왼쪽 귀를 잘랐습니다. 임진왜란 때 왜군들이 우리민족을 죽이고 귀를 베어 보낸 것도 이러한데서 연유한 것입니다. '왼쪽 귀를 자르다'는 괵馘자에서 흔적을 찾아 볼 수 있습니다.

이 글자를 옥편에서 찾으려면 귀 이耳 부수에서 찾지 말고, 손을 나타내는 우又에서 찾아야 합니다. 왜냐하면 비록 목숨을 취取하다는 살벌한 의미의 글자이지만, 귀가 중심이 되는 것이 아니고 상대방의 목숨을 취하는 행위가 중심이기 때문입니다.

최(最)의 위쪽에 있는 왈曰모양은 전서에서 보면 눈썹 두 개를 그리고 그 위를 덮은 모양으로 투구를 그린 것입니다. 그러나 현대 한자에서는 왈曰의 형태로 변했습니다.

일반 병사보다도 투구를 쓴 장수를 죽이고 귀를 잘라 온 병사의 공이 '최고'였음을 보여주는 글자입니다.

취娶는 취할 취取와 계집 여女를 결합시켜 '장가들다'를 나타내는 글자입니다. 이것은 전쟁에서 승리한 병사들이 남자는 죽여서 귀를 자르고, 여자들은 사로 잡아 첩으로 삼았던 약탈혼의 근거에서 나온 글자입니다.

아래 그림은 발의 모형을 변형시켜서 발이나 동작을 나타내는데 사용하는 한자들입니다. 이 글자들은 보통 다른 글자와 결합시켜서 사용합니다. 알아두면 한자의 의미를 유추하는데 많은 도움이 됩니다. 첫 번째 줄은 전서나 갑골문의 형태이고, 현재 사용하는 한자를 바로 밑에 두었습니다.

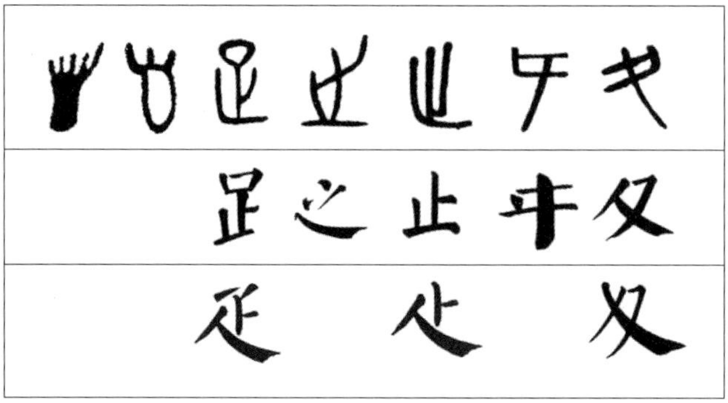

발의 모형을 변형시킨 한자

족足은 사람의 발과 무릎을 그린 것으로 '다리 · 만족하다' 는 뜻을 나타냅니다.

지之는 위의 전서를 보면 발 모양 밑에 선을 그어서 땅이나 기준선을 나타낸 것을 볼 수 있습니다. 그래서 지之는 '간다' 는 뜻을 나타내며, 현대에서는 거의 의미가 없는 어조사로 사용합니다.

지止는 사람의 발가락을 그린 글자로 본래의 의미는 발을 나타냈으나 '멈추다' 는 뜻으로 확장되었습니다. 전서를 보면 발가락이 위쪽으로 향해 있어서, '밖으로 나가거나 올라가다' 는 뜻을 나타내는데 사용합니다. 창을 나타내는 과戈와 발의 모양을 결합시킨 굳셀 무武, 두 발을 위아래로 배치해서 걸음을 나타낸 보步, 언덕을 뜻하는 언덕 부阝=阜와 결합시켜서 올라가다 척陟자가 되었습니다.

위韋는 가운데 입 구口를 중심으로 수직으로 어긋난 발을 그려서 '포위하다 · 둘러싸다' 의 뜻이었으나 '군인 · 가죽' 의 뜻으로 전용되었습니다.
둘레를 뜻하는 큰 입 구口를 써서 '둘러싸다 · 포위하다' 는 위圍가 있고, 행行을 더해서 '호위하다 · 방어하다' 는 위衛에서도 흔적을 찾을 수 있습니다.
치夊는 발 모양 곧 멈추다 지止를 뒤집어서 나타낸 글자입니다. '뒤쳐져 오다' 는 뜻을 나타내며, 비슷한 모양을 가진 걸을 쇠夊와 동일하게 사용합니다. 지止와는 약간 다르게 '집으로 돌아오다 · 내려오다' 는 의미를 나타냅니다. 각각을 뜻하는 각各과 위에서 내려온다는 강降, 그리고 다시 돌아온다는 복復에서 근거를 찾을 수 있습니다.
서로 반대 방향을 향한 발 모양에서 '어긋나다' 천舛을 만들었습니다. 천舛은 춤추다 무舞와 나무 위에 있는 두 개의 발 모양을 그려서 높이 올라가 있는 사람을 형상화한 영웅 걸傑 등에 사용되었습니다.

정(正) 갑골문의 위쪽 네모는 나라를 나타낸 것입니다. 발 모양인 지止는 밖으로 나간다는 뜻이 강하다고 설명했습니다. 그래서 정正은 다른 나라를 '정벌하러 나가는 모양을 형상화한 것이지요. 왕들은 정벌을 통해서 자기와 다른 생각을 바로잡았기 때문에 '바르다' 의 뜻으로 전용되었습니다. 다시 이 글자에 '가다' 는 뜻의 척彳을 더해서 '정벌하다 정征' 이 만들어졌습니다.

각(各)은 바를 정正을 뒤집어 놓은 모양으로 한자가 발전해 오면서 모양이 달라졌으나 갑골문의 형태는 같습니다. 치夂는 발 모양을 뒤집어 '돌아온다' 는 뜻을 나타내고, 구口의 형태는 '구역' 을 나타낸 글자입니다. 결과적으로 자기 집으로 돌아오는 모양을 형상화한 것입니다. 정벌을 나갔다가 돌아와서 각자의 집으로 돌아가는 행동을 강조해서 '각각' 을 나타내는 의미로 바뀌었습니다. 다시 발 족足을 더하면 집으로 돌아가는 크고 안전한 길이라 하여 '길 로路' 가 되었답니다.

정(定)은 집 면宀과 발 모양 필疋자가 결합되어 집에 들어와서 살았다는 의미입니다. 그래서 정定은 '정해지다' 는 뜻입니다. 반드시 집으로 돌아오라는 의미에서 '꼭' 이라는 뜻으로 확장되었습니다. 정해진 시간, 정해진 가격을 나타내는 정각定刻, 정가定價에 사용합니다.

객(客)의 의미는 정定과 비슷합니다. 정定은 본인의 집으로 돌아가는 것을 나타내고, 객客은 정벌을 마치고 돌아오는 사람을 뜻합니다. 그래서 객客은 집에 오랫동안 돌아오지 못한 상태를 강조해서 '나그네' 의 의미가 나왔습니다. 나그네에서 '손님' 으로 의미가 확장되었고, 여기서 손님은 이기고 돌아오는 사람처럼 귀하게 대접한다는 의미도 내포된 것으로 보입니다. 오랫동안 집을 비웠다가 돌아오니 마치 주인이 아닌 나그네 입장, 타인의 입장처럼 느껴졌던 모양입니다. 이런 관점을 '객관客觀' 이라고 합니다.

논리적으로 생각하며 기초 다지기

다음은 결혼식에 읽는 혼인 서약문의 일부입니다.

> "용기와 힘을 가지고 태어난 신랑은 신부를 보호하고, 양식을 주고, 인도해야 하며, 자신의 섬세하고, 예민하고, 정교한 부분을 다루듯, 강자가 약자에게 보여야 할 관용과 너그러운 마음으로 신부를 대해야 하고, 순종, 아름다움, 동정심, 총명 그리고 다정함을 가지고 태어난 신부는 남편에게 순종하고, 즐거움을 주고, 도와주며 위로와 충고를 주어야 하며 항상 존경심을 가지고 남편을 대해야 한다."

가) 이 글을 읽고 느낀 점을 문장으로 답해 봅시다.

(남녀차별, 양성평등의 입장에서)

나는 이 글이 ____________________ 라고 생각한다.

왜냐하면 ____________________

____________________ 때문이다.

나) 나는 결혼을 ____________________ 라고 생각한다.

왜냐하면 결혼은 ____________________

____________________ 하기 때문이다.

다) 남자는 모름지기 ____________________ 해야 한다.

왜냐하면 ____________________

____________________ 하기 때문이다.

라) 여자는 모름지기 ____________________ 해야 한다.

왜냐하면 ____________________

____________________ 하기 때문이다.

4장

한자로 살펴보는 세상과 사람

_ 사람의 마음

우리는 사랑하는 사람을 보면 가슴이 떨리고 설레입니다. 흥분하거나 분노하면 심장의 박동수가 빨라지고, 두근두근 거립니다. 그리고 슬프거나 안타까운 일을 보면 가슴이 아프다고 이야기합니다. 그래서 고대 중국인들은 가슴속에 위치한 심장에 마음이 있다고 생각하였습니다. 그리하여 심장의 모습을 본 떠 만든 글자가 마음 심心자입니다.

고대 중국인들은 심장이 있는 마음으로부터 일곱 가지 감정, 즉 칠정七情이 나온다고 생각했습니다. 칠정은 기쁠 희喜, 성낼 노怒, 슬플 애哀, 즐거운 낙樂, 사랑 애愛, 싫을 오惡, 바랄 욕欲입니다. 감정과 관련되는 글자 대부분에는 마음 심心자가 들어갑니다. 이번에 공부할 '욕심' 에도 마음 심心이 들어있습니다.

한자로 생각하기

욕심(慾心)

분수에 넘치게 무엇을 탐내거나 누리고자 하는 마음을 말합니다.

곡(谷)은 변형된 물 수水자가 밑부분에 있고, 아래에 입 구口가 결합한 글자로 '골짜기' 를 나타냅니다. 물이 생략된 형태를 보아 큰물이 아니고 조금씩 흐르는 골짜기를 표현한 것으로 보입니다.

보통 물이 흐르는 골짜기 입구에 마을이 형성됩니다. 그래서 곡谷과 사람 인人을 더해서 사람이 모여 사는 곳을 '세속 속俗' 이라고 했습니다. 사람 사는 곳에 풍습이 있기에 의미가 확장된 것입니다.

흠(欠)의 아래쪽은 사람의 다리 모양을 하고 있고, 위쪽은 사람이 입을 벌리고 있는 그림입니다. 여기에 획을 하나 더 넣어서 '하품하는 모양' 을 그린 것입니다.

그래서 '하품한다' 는 의미로 사용하며, 다른 글자와 결합할 때는 입을 벌리고 하는 행동을 뜻합니다. 노래하다 가歌, 불다 취吹에서 흔적을 볼 수 있습니다.

욕(慾)은 하품 흠欠과 골 곡谷이 결합해서 만든 글자입니다. 골짜기를 연상할 정도로 크게 벌린 입 모양을 본뜬 것이지요. 어미 새가 물어오는 먹이를 달라고 새끼 새들의 입 벌리는 모양을 떠올리면 됩니다. 이런 유래로 인해서 '먹고자 하는 욕심인 식욕' 이 생겼고, 여기서 의미가 확장되어서 '욕망 · 바라다 · 욕심' 등을 나타내게 되었습니다.
욕欲과 욕慾의 의미는 같지만 욕欲은 새끼 새들의 행동 자체를 강조해서 동사로 사용하며, 욕慾은 마음 심心을 더해서 하고 싶은 마음을 표현한 것으로 주로 명사에서 많이 사용합니다.

심(心)은 심장의 모양을 본떠서 만든 '마음'을 나타낸 글자입니다.
갑골문에서의 심心은 심장을 해부해 보고 그린 것으로서 좌우 심실과 좌우에 심방을 나타냅니다.
고대 중국인들은 사람이 머리와 심장으로 생각한다고 보았습니다. 그래서 생각과 관련된 한자는 모두 심心자와 결합되어 있지요. 아주 중요한 한자의 특징이므로 반드시 익혀 두어야 합니다.

심(心)을 부수로 사용할 때 변형시켜서 사용하는 글자입니다. 공손하다 공恭, 사모하다 모慕와 원망하다 한恨, 성품 성性에서 볼 수 있습니다.

돌발퀴즈

다음 한자를 상상해보세요.

(1) 앞에서 배운 欠을 참고로 해서 다음 한자의 음과 뜻을 써보세요.

飮__________

炊__________

힌트1: 食은 뚜껑을 덮어 놓은 밥 모양을 본뜬 글자로 '먹는다' 는 뜻으로 사용합니다.

힌트2: 식(食)과 결합한 음(飮)자는 입을 크게 벌리고 마시는 모양에서 '마시다'를 나타내서 음료수(飮料水)라고 할 때 쓰입니다.

취(炊)는 글자를 보면 바로 내용이 바로 연상이 되는 글자입니다. 입으로 바람을 일으켜서 불을 피우는 것을 형상화한 것입니다. '불때다, 밥을 짓다' 는 뜻으로 취사(炊事)에 사용됩니다.

논리적으로 생각하며 기초 다지기

가) 사람의 욕심을 한 문장 이상으로 설명하세요.

욕심이란 ______________________________

____

____

나) 욕심이 없어지면 발생하게 될 현상을 3가지 이상 문장으로 답해 보세요.

(1)______________________________

(2)______________________________

(3)______________________________

다) '사람의 욕심' 은 좋은 점과 나쁜 점이 있습니다. 한 문장으로 답해 보세요.

(1) 좋은 점 ______________________________

____

____

(2) 나쁜 점 ______________________________

____

____

_ 사람의 본성

사람의 본성이 선한 것일까, 악한 것일까, 선하지도 악하지도 않은 것일까에 대해 다루는 것을 '인성론' 이라고 합니다. 한자는 '인성론' 에 대해 어떻게 말하고 있을지 차근차근 짚어 봅시다.

① 맹자孟子의 성선설性善說

"물은 진실로 동쪽과 서쪽의 구분이 없지만 위와 아래의 구분도 없겠는가? 사람의 본성이 선한 것은 물이 아래쪽으로 흐르는 것과 같다. 사람은 선하지 않음이 없고 물은 아래로 흐르지 않음이 없다." 『맹자』

② 순자荀子의 성악설性惡說

"사람이 감정과 본성을 따르면 사양하지 않게 되며, 사양을 하면 감정과 본성에 어긋나게 된다. 이로써 본다면 사람의 본성이 악한 게 분명하며 그것이 선하다는 것은 거짓이다." 『순자』

③ 고자告子의 성무선악설性無善惡說

"본성은 갇힌 채 소용돌이치는 물과 같아 동쪽으로 트면 동쪽으로 흐르고, 서쪽으로 트면 서쪽으로 흐른다. 사람의 본성에 선함과 선하지 않음의 구분이 없는 것은 물에 동쪽과 서쪽의 구분이 없는 것과 같다." 『맹자』

한자로 생각하기

본성(本性)

본本은 나무의 뿌리를 나타내는 근본이고, 성性은 대지를 뚫고 막 올라오는 풀을 그린 생生과 마음 심心이 결합해서 태어났을 때의 마음을 뜻하는 한자입니다. 모든 생물체는 조상이 가지고 있는 특성을 후대에 반복하기 때문에 생生을 결합시켜 변하지 않는 성품을 나타낸 것입니다.

즉, 본성은 태어나면서 갖고 있는 마음과 변치 않는 성품을 말합니다.

성선설(性善說)

성선설이란 사람이 태어날 때의 본성은 착하다는 주장입니다.

성악설(性惡說)

성악설이란 사람의 태어날 때의 본성은 악하다는 주장입니다.

성무선악설(性無善惡說)

성무선악설이란 인간의 본성은 선하지도 악하지도 않다는 주장입니다.

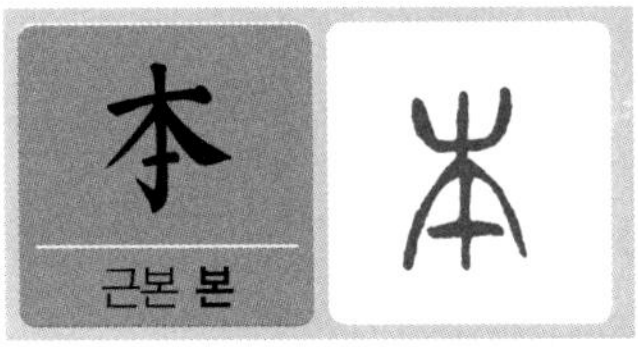

본(本)은 나무 목木에 한 일一처럼 생긴 것을 더해서 만든 한자입니다. 나무의 뿌리 부분을 나타내서 '근본'을 의미합니다. 한자를 만드는 과정에서 이미 만들어진 글자와 부호가 더해지는 것은 흔히 사용하는 방법입니다. 이것은 추상적인 개념을 그림으로 표시할 때 유용하게 사용합니다. 칼 도刀에 칼날 부분을 표시해서 칼날 인刃을 만들었고 나무 목木에 끝을 표시하는 한 일一자와 비슷한 글자를 더해서 끝 말末을 만든 것 등에서 볼 수 있습니다.

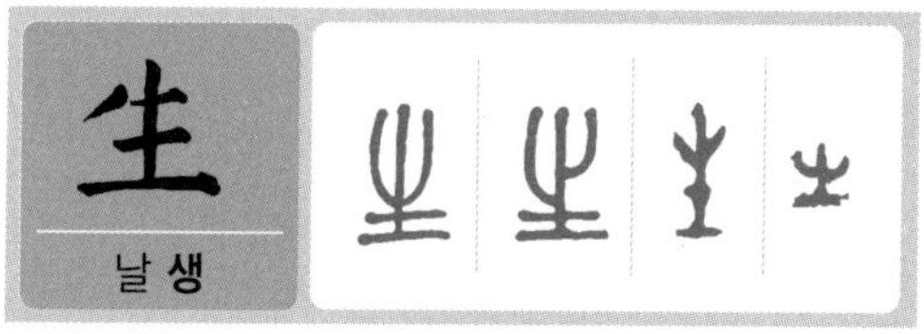

생(生)의 밑 부분인 한 일一자 형태는 대지를 나타내고, 나머지는 대지를 뚫고 올라오는 식물의 모양을 나타냅니다. 그래서 생生은 '낳다' 를 의미합니다. 또한 태어난 날을 '생일生日' 이라고 합니다. 또한 자라고 있는 것은 살아있음을 나타내기에 '생물生物' 등의 이라고 합니다.

성(性)은 날 생生과 마음 심心이 결합한 글자입니다. 생生은 땅에서 풀이 싹을 띄워서 솟아나는 모양을 본뜬 글자이며, 여기에 마음 심心이 더해졌습니다. 그래서 성性은 사람이 태어날 때의 '본래의 마음' 을 뜻하는 글자입니다.

양(羊)은 온순하고 착한 동물이기 때문에 이 글자와 결합하면 대부분 착함을 뜻합니다. 선물膳物을 나타내는 선膳은 고기 육肉의 변형인 월月과 선善의 결합으로 만들어졌습니다. 그래서 선膳은 선한 의미로 고기를 나누어 먹는 것을 나타내지요.

군群은 임금 군君과 양羊자가 결합해서 임금 밑에 신하들이 양떼처럼 무리 지어 모여 있는 상태를 나타낸 것으로 '무리' 라는 뜻이 있습니다.

양(羊)은 선악善惡과 옳고 그름을 가려내는 선한 동물입니다. 선善의 위쪽에 양羊은 '선하다' 는 뜻을 나타내고, 갑골문에서는 아래쪽에 눈 목目을 결합시켰습니다. 그러나 뒤에 말씀 언言으로 바뀐것입니다. 여기서 양의 눈을 통해서 본다 하여 '선함' 과 '정직' 을 말합니다.

아래 사진은 중국 황제의 지하 묘를 발굴해 놓은 모양입니다. 이것을 본떠 만든 글자가 아亞입니다. 사진을 보면 위쪽에 계단이 설치된 것을 볼 수 있습니다. 계단을 통해 내려가는 중앙은 사후세계를 나타내며, 황제가 죽어서 묻혔더라도 다시 이승으로 돌아온다는 것을 나타냅니다. 이것은 중국인들이 가진 윤회 사상을 묘에 나타낸 것이지요. 이승에서 저승은 다음 세상을 나타내기 때문에 '다음·버금' 이라는 뜻이 생겼고, 이승이나 저승이나 비슷하다는데서 '유사' 하다는 뜻까

중국 황제의 묘

지 확장되었습니다. 비슷한 흐름을 나타내는 아류亞流에 사용합니다.

악(惡)은 버금 아亞와 마음 심心의 결합으로 '악하다' 를 나타냅니다.

아亞의 가운데 모양은 고대 사람들이 땅을 네모로 생각했기 때문에 나타낸 것입니다. 무덤의 터를 닦아 놓은 모양을 보고 싫어하는 마음과 죽음에 대한 두려움이 생겨서 '미워하다 · 악하다' 의 의미로 확장되었습니다. '싫어하다' 는 뜻으로 사용할 땐 '오' 로 발음해서 증오憎惡라 읽고, 악하다는 뜻으로 사용할 땐 '악' 으로 발음해서 악한惡漢으로 읽습니다.

인(儿)은 두 다리 모양을 본떠서 만든 글자로 '사람 · 다리모양' 을 나타냅니다. 단독으로는 사용하지 않고 다른 글자와 결합하는 부수 글자입니다.

아兒는 숫구멍이 난 머리와 인儿을 결합시켜서 태어난 '아이' 를 나타내고, 광光은 불을 들고 있는 사람을 뜻하는데서 '빛나다' 를 나타냅니다.

형(兄)은 다리 모양 위에 입을 그려서 '형' 을 나타낸 글자입니다. 사람의 입을 강조했기 때문에 '말하다' 가 본래의 의미 입니다.

또한 '말하다' 의 뜻이 명령과 같은 의미가 있어서 '우두머리 · 형' 이라는 뜻으로 의미가 확장된 것입니다.

축祝은 신과 연관된 시示와 형兄이 결합한 글자입니다. 신 앞에 나가서 빌고 있는 모양을 본뜬 것으로 '빌다 · 축하한다' 는 뜻으로 쓰입니다.
주呪는 입 구口를 더해서 자주 말하는 의미로 역시 '빌다' 는 뜻인데 좋은 의미보다는 '저주하다' 는 뜻으로 사용합니다.
이처럼 형兄은 '말하다' 의 의미가 있었다는 것을 기억해 두어야 한자학습에 도움이 됩니다.

설(說)은 말씀 언言과 말하다 형兄자가 결합해서 '말하다' 는 뜻을 나타냅니다. '설립하다' 의 설設과 흡사하여 혼동하기 쉬우나 형兄의 원래 의미를 알아두면 기억하기 쉽습니다.

무(無)는 두 번째의 갑골문을 보면 아래 사진처럼 옷소매 양쪽에 장식을 달고 춤추는 사람의 모양을 그린 것입니다. 원래는 '춤추다' 는 뜻을 나타냈습니다.
또한 풍년을 기원하는 제사나 기타 신들을 받드는 춤을 추면 재앙이 없다고 믿는데서 '없다' 라는 뜻으로 바뀌게 되었습니다.
무사無事하다는 뜻에 사용한 것을 보면 재앙이 없다는 뜻으로, 신神 앞에서 안전과 복을 기원하며 춤을 추어 제사를 드렸다는데서 유래한 것으로 보입니다.

다시 발 모양인 천舛과 무無를 결합해서 무舞자로 춤춘다는 의미를 확실히 나타냈습니다.

돌 발 퀴 즈

다음 한자를 상상해보세요.

(1) 위에서 설명한 양(羊)을 참고 해서 다음 한자의 음과 뜻을 유추해보세요.
(가) 洋_________

(나) 養_________

(2) 뇌물과 선물의 차이점을 문장으로 표현하세요.
(가) 선물이란
(나) 뇌물이란

힌트1: 食은 밥은 나타냅니다.
힌트2: 洋에서 양(羊)은 무리지어 살기 때문에 커다란 뜻을 나타냅니다. 수(氵)는 물을 뜻하지요. 때문에 가장 큰 물을 나타내는 '대양(大洋)'을 뜻하며, 태평양(太平洋)이라할 때 사용합니다.
養은 착하다는 양(羊)과 밥을 뜻하는 식(食)의 결합으로 음식으로 양처럼 착하게 어버이를 봉양(奉養)한다는 뜻이며, 이 두 글자 역시 양(羊)이 발음 기호 역할을 합니다.
힌트3: 선물이란 대가를 바라지 않고 주는 즐거움으로 물건을 건네주는 것입니다. 뇌물이란 무엇인가의 대가를 바라고, 어떤 보답이나 결과를 바라고 물건을 건네주는 행위입니다.

논리적으로 생각하며 기초 다지기

가) 사람의 본성이 착하다면, 악한 사람들은 왜 존재할까요?

악한 사람들이 존재하는 이유는 ________________________________

____

____

____

____

____

____ 하기 때문이다.

나) 인간의 본성이 악하다면 테레사 수녀님은 어떻게 나온 것일까요?

테레사 수녀님과 같은 사람이 나온 이유는 ________________________

____

____

____

____

____

____ 하기 때문이다.

_ 사회

학교에서 여러분은 학생일 것이며 집에서는 가족일 것입니다. 또한 누군가에게 친구일 수도 있고 저와 같은 선생님에게는 제자이기도 하지요. 우리는 이런 관계 속에서 서로 협동하기도 하고 경쟁하기도 합니다. 이렇게 협동과 경쟁의 관계로 이루어진 곳을 '사회'라고 한답니다. 사회는 인간의 기본적인 욕구와 사회가 유지, 존속할 수 있는 기능을 가지고 있습니다. 과연 한자어에서는 '사회'를 어떻게 풀이하고 있을까요?

한자로 생각하기

사회(社會)

땅의 신神을 모시고 일정한 영토 안에서 모여 사는 사람들을 말합니다. 또한 가치관, 언어, 문화가 같은 집단을 말하기도 합니다.

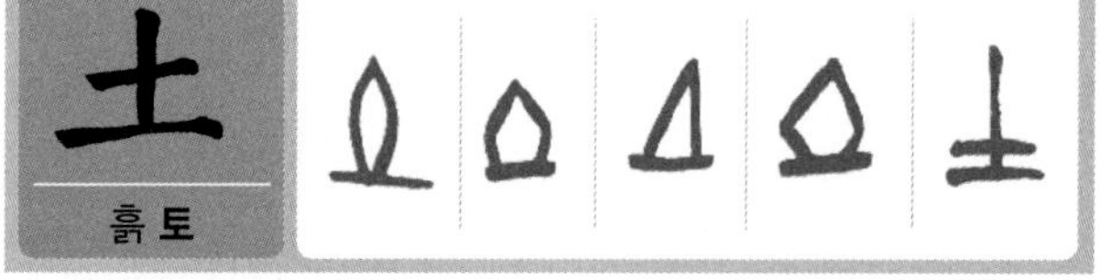

토(土)는 땅에서 생물이 성장하여 올라오는 모양을 나타낸다는 것과 흙을 뭉쳐서 제단을 만들어 놓은 모양이라는 두 가지 설명이 있습니다.

땅은 생물이 자라고 번식하는 터전입니다. 땅은 콩을 심으면 콩이 자랐고, 팥을 심으면 팥을 키웠습니다. 이런 이유로 중국 사람들은 땅의 신성성과 정직한 의미를 토土에 담은 것입니다.

사(社)는 흙 토土와 신을 나타내는 시示를 결합해서 '흙의 신'을 나타냅니다. 고대 중국에서 식물이나 동물의 번식은 중요한 숭배의 대상이었습니다. 땅을 나타내는 토土를 생명의 보고라고 생각했습니다. 그래서 흙을 모든 신의 대표로 여겨서 '사社'로 표현한 것입니다. 여기에 곡식을 대표하는 곡식의 신을 직稷으로 나타내어, 땅과 곡식의 신을 섬기는 단을 사직단社稷壇이라 하였습니다.

중국에서는 기장과 수수가 대표적인 곡식이었습니다. 왜냐하면 중국은 우리나라보다 강수량이 적기 때문에 벼농사보다는 기장 · 수수를 많이 재배할 수밖에 없었기 때문입니다. 곡식을 재배하고 나면 사람들은 흙의 신에게 제사를 지냈습니다. 이 의미가 확장되어 사社는 한곳에 모여 뜻을 같이 하는 단체나 모임에 쓰입니다.

집(亼)은 대체로 두 가지 뜻을 나타냅니다. 하나는 물건을 저장하는 그릇의 뚜껑을 나타내서 '모으다'의 뜻을 나타냅니다. 죽간을 모아 놓은 륜侖, 같은 것끼리 모아 놓은 합合, 구분 없이 모아 놓은 첨僉, 많은 것을 모아 놓은 회會, 창고형으로 곡식을 모아 놓은 것을 창倉이라고 하는 글자에서 그 의미를 살펴 볼 수 있습니다. 그리고 뚜껑을 덮어 놓은 밥은 식食으로 나타내며,

물건을 저장하는 그릇의 뚜껑

반찬과 밥을 모아서 뚜껑을 덮어 놓은 것을 합盒이라고 합니다. 다른 하나는 모자를 형상화한 글자라고 할 수 있습니다. 오른쪽 사진을 보십시오. 모자는 중국에서 통치자나 관리를 표현하는 수단이었습니다. '명령하다' 령令 · 명命에서 찾아 볼 수 있습니다.

지금도 중국인들은 카드놀이 할 때 가장 높은 카드인 ACE를 모자帽子라고 합니다. 알파벳 A가 집亼과 비슷하기도 하고, 모자를 쓴 우두머리라는 뜻을 동시에 나타내기 때문입니다.

회(會)의 위쪽에 亼자는 뚜껑을 그린 것입니다. 이 글자는 곡식을 저장하는 그릇을 그려서 '모이다'를 의미합니다. 곡식을 저장하는 그릇이 매우 컸기 때문에 흩어진 곡식을 모으는 행위를 강조한데서 의미가 나왔습니다. 합合은 아래쪽의 글씨 형태로 보아 적은 양을 모으는 그릇이고, 회會는 보다 크기가 큰 질그릇 형태입니다. 또한 협회協會는 같은 일을 하는 사람들이 모인 단체를 의미합니다.

곡식을 저장하는 그릇

논리적으로 생각하며 기초 다지기

다음의 대화를 통해 사회에 대해 생각해 봅시다.

재영 : 아빠, 사람은 꼭 사회에 속해서 살아야 되나요?

아빠 : 재영이 혼자 집을 짓고, 자동차를 만들고, 의사처럼 치료할 수 있니?

재영 : 아니요. 하지만 옛날 원시인들은 혼자 한 거 아니에요?

아빠 : 원시인이라 할지라도 그 모든 것을 혼자서 할 수는 없지. 그래서 사람들은 사회를 만든 거야. 그 사회 구성의 기초는 가정이란다. 가정이 결혼이라는 사회제도를 통해서 만들어진다는 것은 지난번 공부를 통해서 알았지? 사회 속에서 살고 있는 사람들은 관계를 맺고 서로에게 영향을 주고받으며 산단다. 그렇지 않으면 사람은 살 수가 없어.

가) 자신과 관계된 모든 사람을 이유와 함께 써 보세요.

(1) 아빠 : ______________________________

____

(2) 선생님 : ______________________________

____

(3) 환경미화원 : ______________________________

____

_ 사회 제도 속의 나

사회를 유지하고 발전시키는 것은 사회 제도라고 합니다. 사회 제도 중에는 가장 기초적인 가정에서부터 학교, 종교, 정치, 국가가 있습니다.

여러분은 학교에서 학생으로서 열심히 공부하고, 친구나 선후배들과 재미나게 놀기도 할 것입니다. 방과 후 학습활동과 자율학습을 마치고 집으로 돌아오면 부모님과 할아버지 할머니, 그리고 오빠와 동생이 여러분을 반갑게 맞이해 줄 것입니다.

어떤 학생은 학원에 가서 학교에서 충족시킬 수 없었던 특기 교육을 받을 것입니다. 좋은 대학을 가기 위해 대부분의 학생들은 입시학원을 다니고 있을 것이고, 음악학원, 연기학원, 요리학원, 외국어학원 등을 다니며 자신의 장기를 개발하는 학생도 있을 것입니다.

이 모든 것은 여러분 혼자서 하는 것이 아닙니다. 혼자 학원에 간다고 하지만 버스를 타고 공부를 배우는 것은 누군가의 도움이 없다면 불가능하지요. 인간은 혼자 살 수는 없으며 '나'란 존재는 타인과의 관계 속에서 의미가 있으니까요. 나는 '사회 속의 나'일 뿐입니다. 한자에서는 나와 사회 제도를 어떻게 말하고 있을까요?

한자로 생각하기

제도(制度)

제도는 관습과 도덕과 법률 따위의 사회 규범을 나타냅니다. 제制란 글자에서는 웃자란 나무를 잘라내는 의미가 있기에 '강제성'을 내포합니다.

미(未)는 나무 목木 위에 한 일一자 모양을 더해서 '무성하다'는 뜻을 나타냈습니다. 그러나 나뭇잎이 무성하면 건너편이 어떤 상태인지를 모르기 때문에 보이지 않는 상태를 말하는 것으로 확장되었습니다. 그래서 미未는 '~이 아니다'는 뜻으로 사용하는 글자입니다.

불不과 미未는 모두 부정사이지만 불不은 절대부정을 나타내고, 미未는 상태부정을 나타냅니다. 부지不知는 알지 못한다는 뜻이고, 미지未知는 미처 알고 있지 않은 것입니다. 아파트가 분양되지 않는 상태를 '미분양未分譲'이라 하며 완성되지 않는 상태를 말할 때 '미완성未完成'을 씁니다.

미未와 말末은 혼동하기 쉬운 글자입니다. 자원을 통해서 기억하세요. 미未는 성장한 나무를 그린 것으로 나무가 자랄수록 위쪽의 가지가 짧기 때문에 위쪽에 짧은 한 일一로 표시한 것입니다.

말末은 나무 끝을 형상화 한 것으로 미未와 혼동을 피하기 위해서 위쪽을 길게해서 '끝'을 나타낸 것입니다.

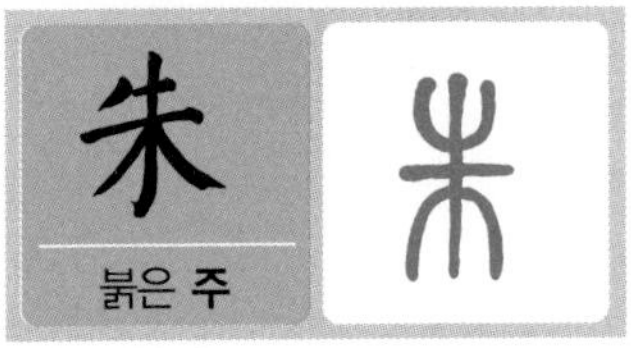

주(朱)는 성장한 나무 모양인 미末를 잘라버림을 뜻하는 사선을 그려 '붉다' 는 뜻을 나타냅니다. 여러분은 나무를 자르면 붉은색이 나온다는 것을 알지 못할 것입니다. 하지만 소나무나 잣나무를 자르면 나무의 중앙이 붉은색을 띄고 있습니다. 여기서 의미가 나온 것이지요.

주株는 주朱가 붉은색이라는 뜻으로 쓰이자 주朱와 나무 목木을 더해서 만든 글자입니다. 나무를 베고 남은 부분을 나타내며 '그루터기·밑동' 을 뜻합니다.

실失은 비녀를 꼽고 있는 결혼한 사람을 그린 부夫에 사선을 그어서 팔이 잘린 모양을 나타낸 것으로 '잃다' 라는 뜻이 있습니다.

제(制)는 나무를 잘라 버린다는 뜻이 있는 주朱가 변형된 모양과 칼 도刀의 결합으로 만들어진 글자입니다. 큰 나무를 잘라서 물건을 만든다는 의미에서 '마름질하다 · 규격대로 자르다 · 만들다' 는 뜻이 되었습니다. 나무가 한쪽으로 심하게 자라면 웃자라서 죽게 되는 경우가 있습니다. 나무를 잘 자라게 하기 위해 웃자란 나뭇가지를 쳐내기 때문에 '억제하다' 하다는 뜻으로 확장되었습니다. 또한 마음대로 하는 것을 제지한다는 의미가 있습니다.

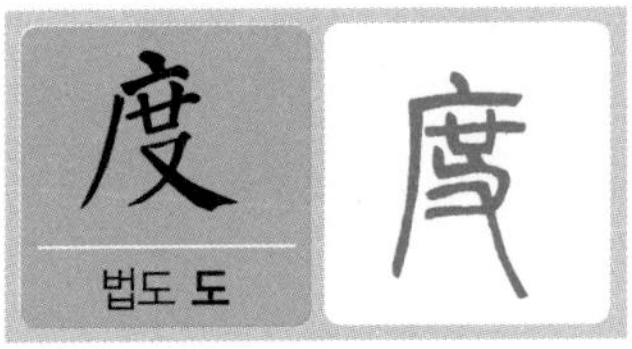

도(度)는 집 엄广, 스물 입廿, 손모양 우又의 결합으로 만든 글자입니다. 집에서 손으로 길이를 '재다' 라는 뜻이며, '재다' 를 나타낼 때

는 '탁' 으로 읽습니다. 그리고 길이를 잰다는 것은 기준이 된다는 의미도 있어서 '법도 · 본보기' 의 뜻으로 확장되었으며, 이런 경우에는 '도' 로 읽습니다.

논리적으로 생각하며 기초 다지기

다음의 대화를 통해 사회 제도에 대해 생각해 봅시다.

재영 : 도대체 사회 제도에는 얼마나 많은 종류가 있어요?

아빠 : 아빠와 교과서를 찾아보자. 사회 교과서에 보면 이렇게 나와 있구나. 사회의 기본적인 제도에는 ① 권력행사와 관련된 정치제도, ② 재화, 용역의 생산, 분배와 관련된 경제제도, ③ 예술, 희극, 오락과 사상의 형성 및 가치 전파와 관련된 문화제도, ④ 성의 규제와 어린이 보호 및 양육에 안정된 틀을 제공하고 사회구성원을 충원시키는 기능을 가지는 가족제도를 꼽고 있단다. 이 제도들은 서로 조화를 이루며 전체 사회를 유지하는 거란다.

재영 : 우와, 복잡하다!

아빠 : 그렇지. 하지만 복잡한 제도가 있기 때문에 사람들은 많은 관계를 맺고, 사회 속에서 안심하며 살 수 있어.

가) 자신과 관계된 사람을 그 이유와 함께 10명 정도를 써 보세요.

(1) ____________________

(2) ____________________

(3) ____________________

(4) ______________________________

(5) ______________________________

(6) ______________________________

(7) ______________________________

(8) ______________________________

(9) ______________________________

(10) ______________________________

나) 사회를 떠나서 인간이 살 수 있는지 없는지에 대한 자신의 생각을, 아래 4단계의 방법으로 300자 이상 글을 쓰십시오.

자기주장 : ______________________________

____

____

____

____

____

____

① 왜냐하면…… 하기 때문이다.

② 그러나 …….

③ 그럼에도 불구하고 …….

④ 따라서 …….

_ 국가와 나

태어날 때 우리가 부모님을 선택할 수 없는 것처럼 국가의 국민이 된다는 것은 우리가 택할 수 있는 선택이 아닙니다. 부모님은 우리를 낳아주셨고 길러주시지요. 마찬가지로 국가도 우리가 선택할 수 없지만 우리의 교육과 행복을 추구할 수 있도록 보호해 줍니다. 그래서 우리는 국가의 법을 준수하며, 국가가 내게 주어준 의무인 납세의 의무, 교육의 의무, 병역의 의무, 노동의 의무를 따르는 것입니다. 또한 국토와 영해, 영공을 아끼고 보전해야 할 의무도 있습니다. 국가와 우리의 관계가 영원한 것은 아닙니다. 다른 나라의 국적을 얻어서 살 수도 있지요. 하지만 태어난 나라의 말과 가치관은 쉽게 잊혀지는 것이 아니랍니다. 이런 의미에서 국가와 나는 하나라는 가치관이 생겼습니다. 이것이 바로 '여민동락' 입니다. 이번 장에서는 국가와 내가 하나라는 '여민동락' 이라는 고사성어를 공부할 것입니다.

한자로 생각하기

여민동락(與民同樂)

백성이 즐거워하는 것을 임금이 함께 즐거워한다는 뜻으로, 여與에는 손모양이 네 개가 들어있고, 동同은 여러 사람이 힘을 모아서 물건을 옮기는 형태이므로 '함께 한다' 는 뜻입니다.

이 한자는 단독으로 쓰이지 않고 다른 글자와 결합하는 것으로 모두 '두 손모양' 을 나타냅니다.

계戒는 두 손으로 창을 잡고 있는 모양에서 '경계하다' 는 뜻이고, 병兵은 두 손으로 무거운 도끼를 들고 있는 모양에서 병사나 무기를 뜻합니다.

여(與)의 전서를 보십시오. 위쪽에 그려진 두 손모양과 아래쪽에 그려진 두 손이 합쳐져 물건을 '주다' 는 뜻을 나타냅니다.

가운데 배 모양과 두 손모양인 공廾의 결합으로 '참여하다 · 함께하다' 로 의미가 넓어졌습니다.

민(民)의 갑골문을 보면, 눈 목目자에 날카로운 침을 길게 그려 '백성' 을 나타냅니다. 고대 중국에서는 전쟁 후 포로들의 눈 한쪽을 제거하는 풍습이 있었습니다. 이것은 포로들을 노예로 삼을 때 노동력을 지키고 도주를 막기 위해서였습니다. 그래서 본래 민民은 노예라는 뜻이었으나 후에 '백성' 이라는 뜻으로 확장되었습니다.

전쟁에서 잡은 포로의 눈을 제거하는 것을 나타내는 글자로는 착할 장臧, 어린아이 동童, 무거울 중重, 신하 신臣 등이 있으니 함께 기억해 두면 좋습니다.

동(同)의 갑골문을 보십시오. 사진의 기구와 입 구口가 결합된 글자로 소리를 내면서 기구를 사용하는 모습을 본뜬 글자입니다. 함께 입으로 소리를 내면서 일하면 힘이 덜 들기 때문이지요. 그래서 동同은 '함께 · 회동하다' 는 뜻으로 확장되었습니다.

동洞은 동同과 물 수水를 더해서 물이 모여서 함께 흘러 내려감을 나타냈습니다. 이 물이 골짜기를 세차게 흘러 동굴을 만들기 때문에 '동굴洞窟' 이라는 단어에 사용하였습니다. 다시 황하유역에서 혈거穴居, 즉 땅에 굴을 파고 살았다는 데서 사람들이 함께 사는 '동네' 를 나타내게 되었습니다.

짐을 나르는 기구

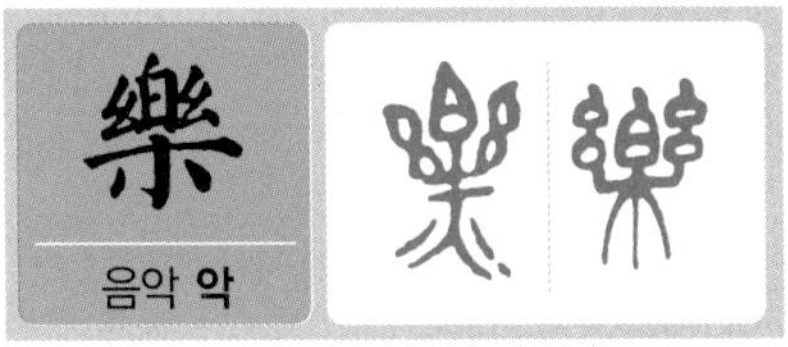

악(樂)은 북을 양쪽에서 고정시키고, 밑에 나무로 받침대를 그려서 '북' 을 나타냈습니다. 그리고 '음악' 을 뜻하는 의미로 변했습니다. 음악은 누구나 즐겁고 좋아하는데서 '즐거울(락) · 좋아하다(요)' 자로 확장되었습니다.

논리적으로 생각하며 기초 다지기

다음의 대화를 읽고 물음에 답해 봅시다.

맹자가 제나라 성왕을 만나 물었습니다.

"왕께서 음악을 좋아하신다고 들었는데 사실입니까?"

왕은 얼굴이 벌게지며 작은 소리로 대답했습니다.

"사실 제가 좋아하는 음악은 유행가입니다."

"왕께서 음악을 좋아하신다면 천하를 통일할 수 있습니다. 본래 음악이란 가곡이나 유행가나 그 원리가 같기 때문입니다. 그런데 혼자서 음악을 즐기는 것과 남과 더불어 즐기는 것 중에 어느 것이 더 좋을까요?"

"그야 여럿이 즐기는 게 좋겠지요."

"그렇다면 많은 사람이 즐기는 것과 몇 사람이 즐기는 것은 어떨까요?"

"많은 사람이 즐기는 것이 좋겠지요."

"그렇다면 음악을 가지고 얘기해 보지요. 왕께서 음악을 연주하는데 백성들이 듣고는 머리를 흔들고 얼굴을 찡그리면서 ①"임금님은 음악을 참 좋아하지. 우리는 이 지경으로 사는데 말야."라고 말합니다. 또 왕께서 사냥을 나가는데 백성들이 그 모습을 보고는 머리를 흔들고 얼굴을 찡그리면서 ②"임금님은 사냥을 참 좋아하지. 우리는 이 지경으로 사는데 말야."라고 말합니다. 또 반대로 왕께서 음악을 연주하는데 백성들이 듣고는 좋아서 벙글대며 ③"임금님이 다행히 건강하신가 봐. 어쩌면 저리도 연주를 잘 하실까!" 라고 말합니다. 또 왕께서 사냥을 나가는데 백성들이 그 모습을 보고는 좋아서 벙글대며 ④"임금님이 다행히 건강하신가 봐. 어쩌면 저리도 사냥을 잘 하실까." 라고 말합니다.

가) 밑줄 친 ①과 ③은 임금이 음악을 좋아하는데 대한 백성들의 소리입니다. 그런데 정반대의 의미로 평가합니다. 이 이유는 무엇인지 문장으로 표현하십시오.

나) 밑줄 ②과 ④는 사냥을 좋아하는 임금에 대한 백성들의 평가입니다. 그런데 정반대의 소리를 합니다. 그 이유가 무엇인지 문장으로 표현하십시오.

다) 윗글을 읽고 어진 임금, 현명한 임금이 되려면 어떻게 해야 할 것인지에 대해서 200자 내외로 글을 쓰세요.

돌발퀴즈

다음 한자를 상상해보세요.

(1) 위에서 배운 백성 민(民)을 참고해서 다음 한자의 뜻을 상상해 보세요.

眠__________

힌트1: 백성 민(民)은 눈을 제거한 노예를 형상화해서 그렸기 때문에 눈 목(目)과 결합한 면(眠)은 '보이지 않는다' 는 뜻이 내포되어 '잠자다' 는 뜻이 되었습니다. 편히 잠자는 것을 안면(安眠)이라 합니다.

쉬어 가는 페이지

플라톤과 아리스토텔레스의 대화

지금부터 영화등급제에 대한 찬성과 반대의 토론을 진행하겠습니다. 장내에 계신 여러분은 자리에 앉아 주십시오. 저는 이 토론을 진행하게 될 사회자이자 철학·논리학 교사 이수석입니다. 먼저 영화등급제는 필요하다는 주장을 하고 있는 철학자 플라톤과 그의 친구 현희문을 소개합니다. 그리고 영화등급제는 필요하지 않다는 주장을 펼친 철학자 아리스토텔레스와 그의 친구 이남규가 토론을 함께 할 것입니다.

오늘 토론의 진행과 규칙을 말씀드리겠습니다.

'영화 등급제' 에 대한 토론의 진행과정은 다음과 같습니다.

① 찬성 측 입론 3분 → ② 반대 측 심문 2분 → ③ 반대 측 입론 3분 → ④ 찬성 측 심문 2분 → ⑤ 반대 측 반박 2분 → ⑥ 찬성 측 반박 2분 → ⑦ 반대 측 결론 2분 → ⑧ 긍정 측 결론 2분

총 18분의 시간을 가지고 토론이 진행될 것입니다.

시간제한은 엄격히 지킬 것입니다. 발표 마감시간 30초 전에 진행 도우미 학생이 쪽지를 들어 알려줄 것입니다. 시간이 종료되면 종을 칠 것이며, 발표 시간 1분이 경과하면 자동적으로 마이크를 끄겠습니다.

따라서 토론에 참가하는 발표자께서는 자신이 할 말을 정리해서 압축적으로 발표해야 합니다. 그럼 '영화 등급제가 필요하다' 는 찬반토론을 지금부터 시작하겠습니다. 먼저 ① '영화 등급제는 필요하다' 는 찬성측의 입장을 플라톤 님께서 발표해 주시기 바랍니다.

길 잡 이

1. 플라톤(Platon, BC 429?~BC 347)

고대 그리스의 유명한 철학자. 소크라테스의 제자이면서 아리스토텔레스의 스승입니다. 그는 그리스 아테네의 명문(名門) 출신으로 젊었을 때는 정치를 지망하였으나, 스승 소크라테스를 죽인 아테네의 민주정치를 보며 정치에 회의를 갖게 됩니다. 그리고 학문연구에 매진하여 오늘날 대학의 전신이랄 수 있는 아카데미를 설립합니다.

2. 아리스토텔레스(Aristoteles, BC 384~BC 322)

소크라테스—플라톤의 뒤를 이어 그리스 철학의 황금기를 형성한 철학자. 스승 플라톤이 설립한 아카데미에서 20여 년 동안 공부했습니다. 플라톤이 초감각적인 이데아의 세계를 존중하는 이상주의 입장을 취한 것에 비해, 아리스토텔레스는 인간에게 감각되는 자연물을 존중하고 이를 지배하는 원인들의 인식을 구하는 현실주의 입장을 가졌습니다.

플라톤 : 저는 이 세계를 현상의 세계와 이데아의 세계로 나누어 설명합니다. 현상의 세계는 우리가 살고 있는 이 현실의 세계이고, 이데아의 세계는 현상의 세계를 존재하게 만든 완전하고도 영원불변의 세계입니다.

현실의 세계는 선과 악이 공존하고, 모든 사물들이 운동하고 변화합니다. 모든 것이 움직이며 변하기 때문에 설명할 수 없습니다. 또한 이 현실의 세계는 시간과 공간의 제한을 받지요.

이에 비해 이데아의 세계는 현실의 세계와 달리 완전한 세계입니다. 이데아의 세계에서는 오로지 선만이 존재하며 악은 존재하지 않습니다. 또한 생성변화가 없기 때문에 영구불변한 세상입니다. 이데아는 완전한 세상이기 때문에 시간과 공간을 초월합니다. 이런 이유로 현실의 세계는 이데아의 불완전한 모상입니다.

예를 들어 설명하겠습니다. 정삼각형, 이등병삼각형, 부등변삼각형 등의 크고 작은 도형을 보면 우리는 삼각형이라는 공통점을 알 수 있습니다. 또한 레미콘, 버스, 승용차, 경주용 차, 지게차, 포크레인, 소방차 등을 보면 우리는 자동차라는 공통점을 알 수 있습니다. 이것은 이데아의 세계에 있는 완전한 '삼각형' 과 '자동차' 의 모습을 불완전하게 모방했기 때문입니다. 우리의 정신과 이성은 원래 완전한 이데아의 세계에 있었습니다. 그래서 현실의 자동차와 삼각형을 보면서 이데아의 완벽한 자동차와 삼각형을 기억할 수 있는 것이죠.

예술은 이데아를 모방하고 또 모방한 것입니다. 불완전한 것을 다시 모방한 것은 사실로부터 더욱더 멀어지게 합니다. 이런 이유로 모방을 하려면 제대로 해야 하는 것입니다. 제대로 된 모방이란 사물의 본질을 드러내는 것을 말합니다. 예술의 목적인 감각의 즐거움에만 머무르지 않고, 교육적인 모방이라면 더욱 좋을 것입니다. 나라에 발전에 도움이 되는 영화, 청소년들의 정의감과 충성심, 효행심을 기를 수 있는 영화와 예술만을 보여주고 교육할 필요가 있습니다.

영화 등급제라는 것은 성인들만 볼 수 있는 영화를 정신적으로 성숙하지 못한 청소년들이 볼 수 없게끔 지정해 놓은 것입니다. 영화 등급제를 폐지한다면 청소년들이 호기심에 의해 성인 영화를 보게 될 것이고, 이것은 그들의 정서에 심각한 영향을 미치게 될 것입니다.

또한 영화 등급제를 지정해 놓은 이유는 이런 정서에 대한 문제뿐만 아니라, 심각한 사회적 문제를 막기 위해서 입니다. 희대의 살인마 유영철 역시 이런 폭력성이 가미된 '친구' 라는 영화를 몇십 번씩 되돌려보고, 폭행 및 살인을 하면서 쾌감을 느꼈다고 합니다. 영화등급제를 폐지한다는 것은 사회적 문제이고 범죄행위입니다. 또한 그와 같은 영화를 만든 배우와 감독 역시 유영철과 같은 살인마를 만들어 낸 것에 대한 책임을 져야 할 것입니다.

이후로 있지도 않은 이야기를 마치 있는 것처럼 꾸며서 사람들을 혼란스럽게 만드는 시인이나 극작가들의 작품은 반드시 사전검열을 해야 하며, 영화등급제는 또한 있어야 합니다.

사회자 : 네, 감사합니다. 그렇다면 ② '영화 등급제는 필요하다' 는 반대 측의 의견을 이남규 씨가 해주십시오. 시간은 2분입니다. 플라톤 씨처럼 시간을 지켜주십시오.

이남규 : 영화 등급제가 있을 필요는 없습니다.

우선, 우리는 한 가지 알아 두어야 할 것이 있습니다. 역사는 언제나 소수의 도전자에 의해서 변화와 발전을 거듭한다는 것입니다.

유영철이 '친구' 라는 영화를 보고 살인마가 되었다고 하면서 영화등급제는 반드시 필요하며, 사전검열을 통해서 좋은 영화와 나쁜 영화를 구별해야 한다고 플라톤 씨는 말했습니다. 좋습니다. 플라톤 씨의 주장을 인정한다고 합시다. 그러면 플라톤 씨의 주장을 논증으로 만들어 보겠습니다.

1) 만일 누군가가 살인마라면 누군가는 영화 '친구' 를 보고 또 본 사람이다.

2) 유영철은 영화 '친구' 를 보고 또 본 사람이다.

따라서 3) 유영철은 살인마이다.

방청객들에게 물어보겠습니다. 이 논증은 타당합니까?

절대 타당하지 않습니다. 이것이 타당하다면 영화 '친구' 를 본 수많은 사람들은 살인마가 되었을 겁니다. 또한 이것은 '1) 만일 비가 오면 땅이 젖는다. 2) 땅이 젖었다. 따라서 3) 비가 왔다.' 는 논증이 부당한 논증이라는 것과 똑같은 이유에서 거짓입니다. 땅은 눈이나 우박, 상수도관이 터지거나 물을 뿌려서 젖을 수 있습니다. 마찬가지로 유영철이 살인마가 된 것은 그의 자라온 환경이나 성격등의 수많은 이유가 있기 때문입니다. 따라서 유영철의 예를 들어 영화등급제를 주장한 플라톤 씨의 주장은 옳지 않습니다.

사회자 : 역시 시간을 잘 지켜주어 고맙습니다. 그렇다면 이번에는 ③ '영화 등급제는 필요하다' 는 반대의 입장을 아리스토텔레스 님께서 발표해 주십시오.

_ 아리스토텔레스 "표현의 자유라네, 청소년도 영화를 볼 권리가 있어!"

아리스토텔레스 : 발표를 시작하기 전에, 먼저 밝힐 것이 있습니다. 토론의 반대 입장에 서 계신 플라톤님은 저와 이남규 씨의 스승입니다. 저와 이남규 씨, 그리고 현희문 씨는 플라톤의 아카데미아에서 함께 배우고 공부했었습니다. 오늘 이 자리에서 스승님과 반대의 입장에 선 것이 조금은 안타깝습니다. 하지만 진리 앞에서는 스승과 제자의 관계를 떠날 수 있다고 스승님께 배웠기에, 제 의견을 당당히 밝히겠습니다.

저는 시가 역사보다 더 철학적이고 중요하다고 생각합니다. 역사가들은 위대한 영웅, 전쟁, 사건을 사실대로 기술하는데 그치지만 시인과 극작가는 그것을 소재로 삼아 이야기를 만들고, 많은 사람들에게 윤리를 제공합니다. 그래서 시는 역사보다 더 인간적인 진실을 담고 있는 것입니다.

아버지의 흰색 와이셔츠와 흰색 분필, 흰색 복사기 용지와 흰색의 형광등, 그리고 흰색 물감. 이 모든 것들의 공통점은 희다는 것입니다. 모든 흰색이 정확하게 일치하는 것은 아닙니다만 사람들은 공통의 색을 뽑아서 '흰색' 이라 부릅니다.

완벽한 흰색의 이데아가 이데아의 세계에 있는지 없는지는 모르겠습니다. 다만 확실한 것은 '흰색' 의 개념을 우리가 알고 있다는 것입니다. 우리는 지금 현실의 세계에 살고 있습니다. 시간과 공간의 제한을 받는 현실의 세계를 통해서 완전하고 이상적인 세계를 꿈꿀 수도 있는 것이 우리 인간입니다.

이 세상에는 버려지는 아이들이나 미혼모, 노숙자들, 노인들이 있습니다. 우리는 소외된 사람들에 대해 다가가기를 꺼려합니다. 그러나 드라마나 연극 속에 소외된 사람들이 등장한다면 우리는 극을 보면서 그들의 고통을 함께 느끼고 해결할 방도를 찾을 수 있습니다.

이런 이유로 없는 것을 마치 있는 것처럼 만들어 관객들의 감동을 이끌어내는 연극이나 영화를 만드는 감독이나 배우, 그리고 극작가는 오히려 칭찬을 하고 격려해 주어야 합니다. 왜냐하면 예술가는 드라마와 영화, 그리고 연극을 통해서 인간의 삶을 보여주고, 대리만족을 통한 감정정화(카타르시스)를 시켜주기 때문입니다. 이것은 그 어떤 교육보다 더 뛰어난 가치와 설득력이 있습니다.

그래서 저는 주장합니다. 예술을 통해서 인성교육이 자연히 이루어지기 때문에 청소년들도 영화를 볼 권리가 있다고.

영화 등급제는 필요하지 않습니다. 인간은 개인마다 느끼고 경험하는 삶이 다르기 때문에 일정한 방식으로 영화를 이해하고 해석합니다. 청소년들에게 억지로 영화를 보지 못하게 하는 것은 그들의 행복추구권을 침해하고 박탈하는 것입니다. 따라서 영화 등급제를 정해 청소년의 자유로운 결정을 가두는 영화 등급제는 철폐 되어야 한다고 주장합니다. 이상입니다.

사회자 : 그렇군요. 플라톤 씨의 제자가 아리스토텔레스 씨였군요. 진리를 사랑하기 때문에 벌어지는 스승과 제자의 토론! 멋지고 아름답습니다. 이어서 ④ '영화 등급제는 필요하다' 는 현희문씨 의견이 있겠습니다.

현희문 : 간단하게 질문하겠습니다.

인간마다 느끼고 경험하는 삶이 다르기 때문에 일정한 방식으로 영화를 이해하고 해석한다고 하셨습니다. 그렇다면 청소년들이 지나친 폭력이나 과장된 성을 표현한 영화를 보아도 된다는 것인가요? 아니 아리스토텔레스 님의 자녀가 그런 것들을 보아도 된다는 말씀인가요?

또한 청소년들에게 억지로 영화를 보지 못하게 하는 것은 그들의 행복추구권을 침해하고 박탈하는 것이라고 주장하셨는데, 도대체 행복추구권이라는 것이 무엇입니다. 유영철이 살인을 하면서 행복을 추구했다고 한다면, 그것 또한 행복추구권입니까?

사회자 : 아주 간단하고 명확한 심문을 해 주셨군요. 그렇다면 이제 ⑤ '영화 등급제는 필요 없다' 는 이남규 씨 의견을 들어보겠습니다.

이남규 : 먼저 안도현 님의 시 한편을 소개하겠습니다.

퇴근길

삼겹살에 소주 한 잔.
아, 이것마저 없다면

저는 이 시를 무척 좋아합니다. 청소년들이 이 시를 읽는다면 어떤 감정을 느낄까요? 절약한 돈으로 가족과 삼겹살로 외식하고, 엄마와 아빠가 나누어 마시던 소주 한 병이 떠오르는 학생은 가슴이 따뜻해질 것입니다. 그러나 술주정뱅이 아버지가 떠오른 학생은 괴로워 할 겁니다.

이 시는 사람의 감정과 상태에 따라 다르게 해석할 수 있는 시입니다. 여기에 '삼겹살=서민들이 평소 즐겨 먹는 돼지고기', '소주=희석주의 일종', '퇴근길=이 시는 힘들고 어렵게 생활하는 사람들의 일상을 적은 시' 라고 획일적으로 교육시킨다면 어떻겠습니까. 그것은 올바른 교육일까요?

시라는 것은 교육시키는 것이 아니라 느끼고 체험하는 것입니다. 좋다 나쁘다는 구분이 있을 수 없는 것입니다.

이런 의미에서 예술이 덧없다고 주장하는 플라톤님의 주장은 수정되어야 할 것입니다. 아울러 지금 시행하고 있는 영화등급제는 폐지되어야 합니다. 이상입니다.

사회자 : 논점이 조금은 확장된 것 같습니다. 하지만 플라톤님의 주장에 대한 반론을 또 다른 면에서 펼쳤군요. 좋습니다. 그렇다면 이번에는 ⑥'영화 등급제' 는 필요하다' 측의 마지막 주장이 있겠습니다.

현희문 : 여러분에게 묻겠습니다. 사기와 불륜이 판을 치고 신파가 넘치는 TV 드라마가 있습니다. 역사적인 사실, 혹은 실제 사건을 토대로 하여 만든 다큐멘터리 영화도 있습니다. 아이들의 상상력을 자극하는 포켓 몬스터, 디지몬 어드벤처와 같은 만화 영화도 있습니다. 그리고 소식을 알려주는 뉴스나 정보 프로그램도 많습니다. 이 중에서 어떤 것이 가장 가치 있다고 할 수 있을까요?

역사는 있었던 사실을 새롭게 설명하는 것입니다. 과거의 사실을 있는 그대로 묘사하려는 역사가를 통해 만들어 집니다. 그러나 없는 것을 마치 있는 것처럼 꾸미는 극작가나 시인은 역사가보다 정확할 수 없습니다. 소설이라는 영어의 논픽션(non-fiction)은 '사실(fiction)' 과는 '전혀 관계없는(non)' 의 합성어입니다.

청소년들은 정확하고 있는 그대로의 상황을 먼저 받아들이는 훈련을 해야 합니다.

몇 년 전, '친구' 라는 영화가 흥행에 성공했습니다. 그리고 유영철과 같은 살인마와 폭행을 저지르는 사람들은 이런 폭력이 사실이라 믿고, 사회적 문제를 초래하는 경우도 있었습니다.

이런 것을 방지하려면 영화등급제를 강력하게 시행해야 한다고 생각합니다. 만일 영화 등급제를 폐지하면 가치관이 정립되지 않은 청소년들의 모방범죄가 늘어나서 질서유지가 어려워질 것입니다. 따라서 영화등급제는 반드시 필요합니다. 이상입니다.

사회자 : 마지막 주장입니다. ⑦ '영화 등급제는 필요없다' 의 결론을 말씀해주십시오.

아리스토텔레스 : 여러분들에게 저도 묻겠습니다. 시를 교육할 수 있습니까?

일정한 틀에 맞춘 시를 교육하는 것은 똑같이 생각하는 로봇을 만드는 것과 다르지 않습니다. 하늘에 떠 있는 달은 하나인데, 거울에 비친 달, 강과 바다에 비친 달, 그리고 술잔에 비친 달. 이처럼 달은 보는 관점에 따라 수천 수만 개입니다.

청소년에게 도움이 되는 것만을 골라서 교육시키겠다는 플라톤 님의 말에도 일리는 있습니다. 하지만 개인마다 느끼고 경험이 다른 만큼 일정한 방식으로 시를 포함한 예술을 교육하는 것은 반대합니다.

자신의 생각을 가지고 남들과 다른 방법을 찾는 인간만이 진화와 발전을 합니다. 물론 유영철과 같은 일탈행위도 있을 것입니다. 그러나 그 일탈행위가 무서워 인간의 상상력을 막아버린다면, 이것은 개인과 사회의 큰 손해입니다.

그렇다면 국가가 해야 할 일은 무엇일까요?

국가는 예술가들이 좋은 예술작품을 만들 수 있는 분위기와 환경을 만들고, 예술작품을 통해 청소년들이 자유롭고 행복하게 삶을 계획할 수 있도록 도와주어야 합니다. 이런 이유로 저는 영화 등급제의 시행을 반대합니다. 이상입니다.

사회자 : 네, 고맙습니다. 이제 ⑧ '영화 등급제는 필요하다' 의 결론을 제시하기 바랍니다.

플라톤 : 인류 역사는 도전과 실험의 역사입니다. 새로움을 모색하는 도전을 통해서 인류의 역사는 변화했습니다. 다르게 생각하는 소수는 때때로 이단으로 몰리기도 하고 심지어 죽기도 하였습니다. 그렇다고 도전과 실험이 항상 옳은 것은 아닙니다. 예술이라는 미명으로, 인간에게 말초적 감각과 공격본능을 자극하여 혼란을 가져온다면 막아야 할 것입니다.

영화등급제는 '제한' 을 위한 목적도 있지만 '가이드' 를 위한 역할도 많이 합니다. '제한' 은 억지로 규제하고 막는 것을 말하며 이것은 한계가 있습니다. 하지만 '제한' 의 기능보다 '사전' 에 알려주는 '가이드 역할' 로서 등급제는 아주 중요합니다.

가령 부모님이 초등학생인 자녀를 데리고 영화를 관람하려고 합니다. 이럴 때 어떤 영화를 보면 좋을지 '등급제' 가 알려줍니다. '연소자 관람가' 등급이 있으면 '아, 이 영화 함께 보러 가면 좋겠군' 하고 알 수 있습니다. 그러나 등급제가 없다면 상당한 영화정보를 파악해야 합니다. 이것은 시간의 낭비입니다.

이런 이유에서 영화등급제는 반드시 필요하다고 생각합니다.

사회자 : 이것으로서 '영화 등급제' 에 대한 찬반 토론을 마치겠습니다. 이제 선택은 여러분의 몫입니다. 영화등급제는 필요하다는 찬반논술을 써 봄으로써 의식의 형평성을 유지할 수 있습니다. 또한 확실하고 포괄적인 관용의 정신도 기를 수 있습니다.

한자로 생각하기

영화(映畵)

영화는 그림을 놓고 중앙에서 빛을 비추어서 보는 의미로 서양문화를 중국식으로 표현한 단어입니다.

토론(討論)

토討는 죄인을 추궁하듯이 묻는 것을 말하고, 론論은 죽간의 차례를 세우기 위해서 서로 협의하는 것을 말합니다. 따라서 토론이란, 이치를 따지는 질문과 대답을 통해서 협의하는 것을 말합니다.

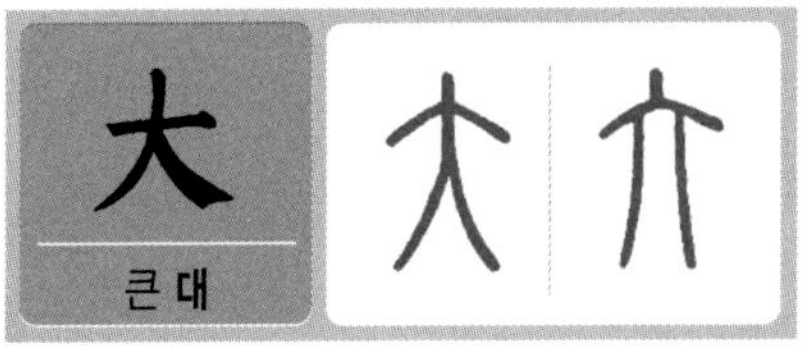

대(大)는 사람이 양팔을 벌리고 서 있는 모양에서 '크다' 는 뜻을 나타냅니다. 단독으로 쓸 때는 '크다' 는 뜻이지만 다른 글자나 부호와 결합하면 '서 있는 사람' 을 나타냅니다. 대부분의 한자는 본래의 의미를 가지고 다른 글자와 결합합니다. 예를 들어 설 립立은 큰 대大 밑에 땅을 그려서 사람이 서 있는 모양을 그린 것이며, 지아비 부夫는 사람이 서 있는 모양에 비녀를 뜻하는 한 일一자 모양을 그려서 결혼한 사람을 나타낸 것입니다.

앙(央)은 사람을 나타내는 대大와 목에 형틀을 쓰고 있는 모습을 그려서 '가운데'라는 뜻으로 확장되었습니다.

앙상한 뼈 알歹과 결합한 것으로 재앙을 나타내는 앙殃자에서 흔적을 찾아 볼 수 있습니다. 영英은 줄기의 중심에서 넓게 피는 꽃부리를 의미합니다. 식물 중에서 꽃이 가장 아름답기 때문에 '뛰어나다'는 뜻으로 확장되었고, 영웅英雄이라고 할 때 사용합니다.

영(映)은 가운데를 나타내는 앙央과 태양을 그린 일日이 결합해서 '비추다'는 뜻을 나타냅니다. 빛으로 그림을 비춰서 보여주는 영사기映寫機에 씁니다.

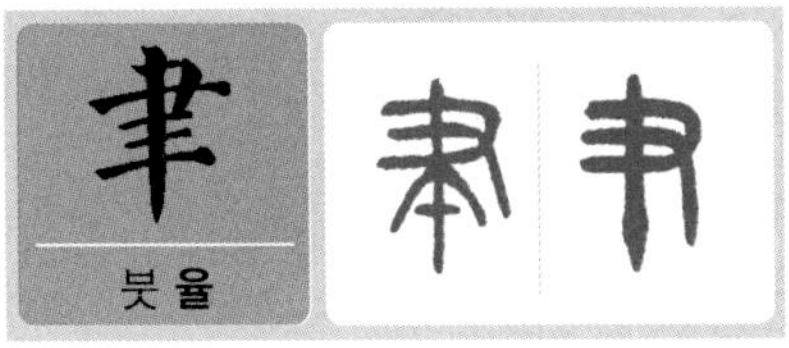

율(聿)은 붓을 잡은 손모양을 나타내서 '붓'을 뜻하는 글자입니다. 이 글자와 결합하는 한자는 거의 붓과 연관해서 생각해야 하며, 글 서書에서 근거를 찾아 볼 수 있습니다.

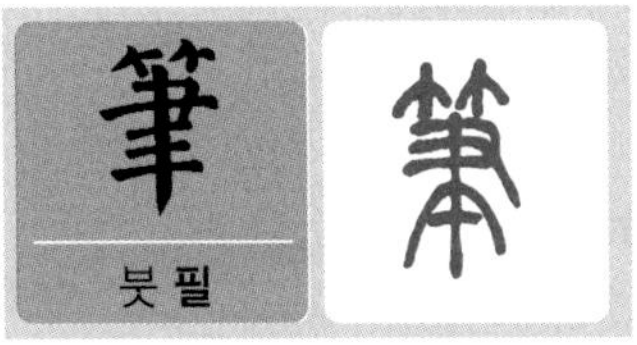

필(筆)은 붓 율聿에 대나무竹를 더해서 '붓'을 나타내는 글자를 새롭게 만들었습니다. 붓의 윗부분을 대나무로 만들었기 때문에 대나무 죽竹자를 더한 것입니다.

화(畵)는 붓 율聿, 밭 전田, 종이를 나타내는 한 일一자의 결합으로 만든 글자입니다. 붓으로 종이 위에 밭을 그리는 모양으로 '그리다'를 뜻합니다.

토지 소유를 기록하고자 밭을 표시하고, 주변의 경계를 나무나 산으로 그려 넣었기 때문에 '그리다' 는 뜻이 확장되었습니다. 또한 모든 한자는 그림으로 표현했기 때문에 글자의 획을 나타낼 때는 '획' 으로 읽습니다.

칼 도刂 와 결합한 획劃은 농지대장을 기준으로 칼로 나누듯이 농지의 소유를 구분한다는 뜻으로 '나누다 · 구별하다 · 긋다 · 쪼개다' 의 뜻을 나타냅니다.

촌(寸)은 손모양에 점을 찍어서 손목의 위치를 표시한 것입니다. 단독으로 쓰일 때는 '마디' 라는 뜻으로 쓰이고 다른 글자와 결합할 때는 '손모양' 을 나타냅니다. 다시 손가락 한 마디라는 뜻으로 바뀌어서 '짧음' 을 나타내게 되었습니다.

토(討)는 말씀 언言과 손모양인 마디 촌寸이 결합한 글자로, '말하다 · 의논하다 · 꾸짖다 · 치다' 의 뜻을 나타냅니다. 상대방을 손으로 붙잡고 말로 잘잘못을 따진다고 하여 손모양을 넣고 의미를 확실시했습니다.

논(論)은 22page 참조

논리적으로 생각하며 기초 다지기

가) 영화 '친구' 를 본 청소년들은 모방 범죄의 충동을 느낄 것이다.

(그렇다, 그렇지 않다, 모르겠다)

왜냐하면 ______________________________

____

나) '모래시계' '조폭 마누라' '두사부일체 시리즈' '달마야 놀자' 등의 조직 폭력배들이 등장하는 드라마와 영화를 본 청소년들은 조폭에 대한 선망을 가질 것이다.

(그렇다, 그렇지 않다, 모르겠다)

왜냐하면 ______________________________

____

다) 사람 죽이는 것을 오락적으로 묘사한 영화와 판타지를 보고 자란 초등학생은 '살인은 오락적인 것' 이라는 가치관을 정립할 수 있다.

(그렇다, 그렇지 않다, 모르겠다)

왜냐하면 ______________________________

____

라) 대부분의 폭력적인 상업 영화는 폭력 장면에서 주인공들을 멋지게 묘사한다.

(그렇다, 그렇지 않다, 모르겠다)

왜냐하면 ______________________________

____

마) 복수라는 목적에 집단 살인마저 정당해 보이는 것처럼 묘사하고 있는 영화를 보고 그 아이는 '그 어떤 짓을 해도 내가 당한 게 있으면 모든 건 정당화 될 수 있을 거' 라 생각하며 성장 할 것이다.

(그렇다, 그렇지 않다, 모르겠다)

왜냐하면 ____________________

____

바) 영상물 등급 제한은 더 오래 산 사람들의 지적 허영심에서 나온 명령이 아니라 아직 정신적 성장이 덜 된 이들을 위한 배려이며 교육이다.

(그렇다, 그렇지 않다, 모르겠다)

왜냐하면 ____________________

____

사) 영화 등급제는 필요하지 않다는 입장의 논술문을 1,200자 내외로 작성하시오.

____

____

____

____

____

____

____

____

____

논술문 가이드

작성자 : 동산고 2학년(2005년) 강민구

제목 : 연소자 관람 제한은 연소자에 대한 자유와 권리의 침해

주제 : 영상물의 연소자 관람 제한은 옳지 않다.

핵심어 : 자유와 권리

과거에 비해 표현의 자유가 보장되고 있다. 인터넷이라는 매체의 발달로 인해 비록 한 개인이라도 자신의 목소리를 전 세계에 알릴 수도 있게 되었다. 그런데 단지 표현만 이루어지고 그것이 남들에게 가 닿지 않는다면 그것은 진정한 표현이라 하기 힘들다. 진정한 표현의 자유는 창작자의 작품이 수용자들에게의 전달되어 수용자들의 삶에 카타르시스를 일으켜 수용자들의 삶의 활력소가 되도록 전달되어야 한다.

그런데 우리나라는 '영화등급제'를 두어 창작자의 상상력을 영상으로 표현해 낸 영상물에 관람 제한을 두고 있다. 이러한 제한은 수용자들의 즐길 권리와 알 권리를 침해하는 것이고, 창작자의 표현의 자유마저도 침해하는 행위이다. 대부분의 영상물들은 대중들을 위해 제작되고, 대중들은 자신들을 겨냥되어 나온 작품들을 즐길 권리가 있다.

어떤 사람들은 영화 등급제가 연소자들을 위한 제도이기 때문에 그들을 위해 보여주지 않는 것이라 주장한다. 하지만 적절한 지도가 뒷받침되는 관람은 그다지 큰 문제가 되지 않고, 오히려 연소자들의 정신적 성장에 도움을 주거나 어렸을 적부터 제한되지 않고 많은 것들을 접하면서 더 큰 상상력을 가지게 할 수도 있다. 성인들은 핑계를 늘어놓을 것이 아니라 적절한 지도를 통해 연소자들의 보고 알 권리를 보장해 주어야 한다.

또한 '영화 등급제'라는 등급 판단의 기준 자체부터 명확치가 않고 주관적이다. 일례로 2005년 7월 개봉한 영화 '친절한 금자씨'는 '만 18세 이상 관람가' 판정을 받은 영화이다. 그 판단의 이유가 '사적 복수를 미화했기 때문'이라는 것이었는데 이는 제작사와 많은 영화팬들로부터 납득할 수 없

는 것이었다. 영화의 결말 부분에서는 그 사적 복수는 구원받지 못했다고 분명히 나타냈기 때문이었다. 하지만 같은 해 6월 개봉한 영화 '분홍신'은 발목이 잘려 피가 흐르는 장면이라든지 눈알이 빠지는 등의 잔인한 장면들이 매우 많음에도 불구하고 '15세 관람가' 판정을 받았다. 자주 발생하는 이러한 경우들로 인해 많은 영화팬들은 영상물 등급 위원회라는 기관을 인정하지 않고 있다. 대자본이 투여된 영화들이 '너무나 관대할 정도'로 매겨진 등급을 받을 때마다 기관의 비리 이야기가 붉어져 나올 때면 정말 이런 제도가 무의미하다는 것을 느낀다.

이제 성인들은 더 이상 핑계를 늘어놓지 말고 연소자들의 자유와 행복추구권도 지켜주기 바란다. 그것은 적절한 관람 지도와 연소자 관람 제한을 명확한 기준으로 제시하여 누구나 공감할 수 있도록 해야 할 것이다.

200자 요약

영상물의 연소자 관람 제한은 창작자의 표현의 자유를 침해하는 행위이다. 또한 자신들을 겨냥해 나온 영상물을 즐길 권리를 가지고 있는 수용자들에 대한 권리의 침해이기도 하다. 연소자 관람 제한이 연소자들을 위해 이루어지고 있는 것이란 주장이 있지만 그것은 핑계에 불과하다. 적절한 교육이 뒷받침 된 관람은 오히려 연소자들의 정신적 성장에 기여할 수 있다.

한자로 생각하기

권리(權利)

권權은 저울질 하다는 의미가 있어 권리는 '균형에 맞는 이득' 이라는 뜻입니다.

등급(等級)

죽간을 만들 때 형태에 따라서 좋고 나쁨을 가려서 구별하는 것을 차등次等이라고 합니다. 과거에는 아무리 똑같이 만들었다 하여도 재료나 기술의 차이로 인해서 좋은 죽간과 나쁜 죽간이 있었습니다. 등等은 죽간의 좋고 나쁨과 급級은 비단의 좋고 나쁨을 말한 것으로 고대의 생활의 중요한 사물을 기준으로 해서 등급等級이라는 단어가 나온 것입니다.

권(權)은 나무 목木과 황세 관雚의 결합으로 '권력' 을 나타냅니다. 저울추는 황새와 유사한 모양으로 만들어서 사용했다고 합니다. 원래 권權의 의미는 '저울추' 였으나 저울질하는 것에서 '꾀하다' 로 의미가 확장되었습니다. 덧붙여 권력은 누구나 꾀하고 싶어 한다고 해서 '권력' 까지 의미가 넓어 진 것입니다.

이(利)는 벼 화禾와 칼 도刂의 결합으로 '날카롭다' 를 나타냅니다.

화禾는 고개 숙인 나무를 형상화해서 벼를 나타낸 것으로, 리利는 본래 벼를 베는 '칼' 을 의미합니다. 석기시대에는 벼를 수확하는데 큰 조개껍질을 날카롭게 깨뜨려서 사용했습니다. 조개껍질로 벼를 베다가 칼을 사용하면 매우 '편리하고, 이롭고, 날카로움' 을 느꼈을 것입니다. 바로 여기서 의미가 나온 것입니다.

또한 리利는 빼어날 수秀와 출생이 같은 것으로 보면 됩니다. 수秀는 밑부분에 낫 모양을 그려서 낫으로 벼를 베는 모양을 형상화한 것입니다. 벼 베는 데는 낫이 가장 뛰어나다는 인식에서 의미가 나온 것이지요.

벼를 베어서 팔면 돈이 됩니다. 따라서 돈을 빌려 주고 일정한 시간이 되면 그 대가를 받아 내는 것을 이자利子라고 하며, 자子를 사용한 것은 이자利子가 아이들처럼 끝없이 이어진다는 의미에서 사용한 것입니다.

신辰은 원래 큰 조개를 나타냈으나 십이지로 널리 사용되자 벌레 충虫을 더해 신蜃을 새로 만들었습니다.

농사를 나타내는 글자와 관련된 글자로 농사 농農과 새벽 신晨은 거의 모양이 흡사합니다. 농農은 조개껍질을 이용한 농기구에서 의미가 나온 것입니다. 신晨의 위쪽에 있는 날 일日의 형태는 원래 두 손 모양, 즉 농사일을 하고 있는 것을 나타낸 것입니다. 농사일은 새벽부터 시작해야 하기 때문에 시간을 나타내는 일日로 변하게 된 것입니다.

힘들다 욕辱은 큰 조개와 손모양인 촌寸의 결합으로 벼 베기하고 있는 모양을 그려서 만든 글자입니다. 날카롭지 못한 조개껍질로 벼를 베는 것은 힘든 일이었을 것입니다. 여기서 '힘들다 · 욕보다 · 힘들게 하다' 는 뜻이 확장된 것으로 이利와 관련이 깊습니다.

等

무리 등

등(等)은 대나무 죽竹과 절 사寺가 결합하여 '같다' 는 의미를 가지고 있습니다. 등等은 죽간을 고르게 만드는 일을 말하며 사寺는 정해진 장소에서 일을 맡아 하는 관청을 나타냅니다. 그래서 죽간을 만드는 관청이라고 하여 사寺와 결합시킨 것이지요. 또한 글씨를 쓰기 위해서 죽간을 잘 손질해야 했을 것이므로 '고르다' 는 의미가 생긴 것입니다.

아래의 사진은 관광상품으로 죽간을 만드는 공장입니다. 예전엔 모든 문서가 죽간이므로 사진보다 더 대량으로 죽간을 만들어야 했을 것입니다. 그래서 '무리' 라는 뜻으로 의미가 확장되었으며, 길이나 모양을 균일하게 해야 했기에 '같다' 는 뜻으로 또 확장되어, '평등平等 · 균등均等' 이라는 단어에도 사용합니다.

及

미칠 급

급(及)은 전서에서 보면 손모양 우又와 사람 인人의 결합으로 '사람을 뒤에서 잡다' 는 의미입니다. 손으로 뒤따라가서 잡았다는 것은 상대방의 목표치에 도달했다고 해서 '미치다 · 이르다' 의 뜻이 되었습니다.

어떤 문제에 대해서 말하는 것을 언급言及, 세상에 널리 퍼지게 하는 것을 보급普及, 파도 파波와 결합해서 파도처럼 퍼져나가는 것을 파급波及이라고 합니다.

級

등급 **급**

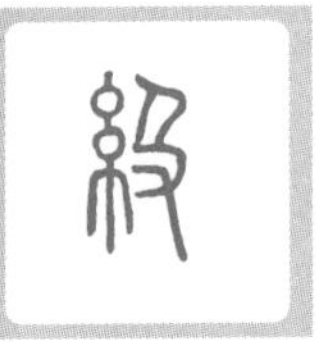

급(級)은 실 사 糸를 더해서 '등급'을 나타냅니다. 비단은 짜는 사람에 따라서 좋고 나쁜 것들이 나왔기 때문에 가장 좋은 비단을 목표로 작업을 하게 했습니다. 목표한 단계에 이르게 되었다는데서 등급이라는 의미가 나왔습니다. 또한 '차례 · 순서 · 계단'의 의미로 확장되어 사용된 것입니다.

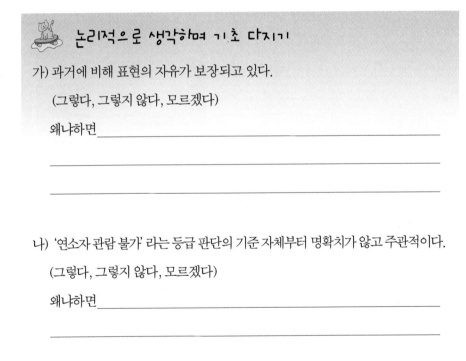

논리적으로 생각하며 기초 다지기

가) 과거에 비해 표현의 자유가 보장되고 있다.

(그렇다, 그렇지 않다, 모르겠다)

왜냐하면 ______________________________

____

____

나) '연소자 관람 불가' 라는 등급 판단의 기준 자체부터 명확치가 않고 주관적이다.

(그렇다, 그렇지 않다, 모르겠다)

왜냐하면 ______________________________

____

____

다) 연소자들을 보호하려는 목적으로 연소자 관람 제한이라는 제도를 두었다.

(그렇다, 그렇지 않다, 모르겠다)

왜냐하면____

라) 영화 등급제는 필요하다.

(그렇다, 그렇지 않다, 모르겠다)

왜냐하면____

논술문 가이드

제목 : 우리들의 밝은 미래를 위한 연소자 관람 제한-강민구(2005년 2학년)

주제 : 영상물의 연소자 관람 제한은 옳다.

핵심어 : 보호

〈개요〉

서론 : 청소년 영화 모방 범죄의 예 – 영화 '친구'

본론 : 1. 연소자의 정신적 수용 한계성을 고려한 교육인 등급제.

2. 영상물 관람 제한이 없을 때의 가정

결론 : 연소자들의 밝은 미래를 위한 영상물 연소자 관람 제한.

'모방 범죄'가 늘고 있다. 만 18세 이상 관람가 영화인 '친구'를 보고 자신을 괴롭히던 친구를 칼로 찔러 살해한 학생의 사건은 당시 꽤 큰 화제였다. '비디오로 5번 이상 봤다'는 가해 학생의 말 덕분인지 그 당시 영화 '친구' 비디오 대여는 급상승하였다. 영상물의 등급을 무시하고 감상했기 때문에 일어났던 모방 범죄였다. 그렇다면 왜 이런 모방 범죄가 일어날까?

언어영역 문제는 모두가 한글로 되어있다. 우리는 문제를 다 읽을 수 있는데 왜 언어영역 시험에서 만점을 받지 못할까? 그것은 이해를 올바로 하지 못했기 때문이다. 아무리 배가 고파도 한 번에 먹을 수 있는 양은 평소 때의 양과 크게 차이가 나지 않는다. 우리는 무엇이든 수용의 한계를 가지고 있다. 우리의 정신도 그와 마찬가지다. 수용이 가능한 한계를 넘어서는 것을 우리가 이해하려고 할 때, 그것은 상당히 왜곡된 방향으로 이해된다. 마치 밥 한 그릇 정도만 먹을 수 있는 사람이 밥 다섯 그릇 분량의 음식을 먹으려는 것과 같은 것이다. 이렇게 연소자 등급 제한은 그들의 수용 능력에 맞지 않은 영상물을 더 성장한 뒤에 보라고 당장은 막아두는 하나의 교육이라고 할 수 있다.

한 헐리우드 성인용 오락 영화가 있다. 그 영화에서는 주인공이 자신의 복수를 위해 긴 사무라이 검을 들고서 사람들을 죽여 나간다. 그 과정은 각종 특수 분장과 컴퓨터 그래픽들을 통해 잔인하면서도 사람들에게 재미를 줄 수 있게 묘사된다. 심지어는 한 장소에서 88명을 집단 살인하지만 그것은 그 영화에서는 재미를 주는 요소이다. 왜냐하면 오락 영화이니까. 만드는 사람들도 그렇게 생각하고 받아들이는 사람들 또한 그렇다. 하지만 이 영화를 이제 막 청소년기에 접어든 초등학생이 보게 된다면 이야기는 달라진다. 사람을 죽이는 것을 오락적으로 묘사한 것을 보고 가치관이 정립되지 않은 초등학생은 '살인은 오락적인 것' 이라는 잘못된 가치관을 가질 수 있다. 대부분의 폭력적인 영화는 폭력 장면에서 주인공들을 멋지게 묘사한다. 폭력 행위이지만 그것이 촬영 기술과 각종 장비들, 배우의 연기가 맞물러 멋있게 묘사될 때, 그것을 수용할 수 있는 사람들에겐 '멋지다' 는 느낌을 주겠지만, 그렇지 못한 사람들에겐 따라 해보고 싶은 우상이 되어버린다. 또한 복수라는 목적아래 집단 살인마저 정당해 보이는 것처럼 묘사하고 있는 영화를 본 그 아이는 '그 어떤 짓을 해도 내가 당한 게 있으면 모든 건 정당화 될 수 있다.' 라며 성장 할 것이다. 이제 막 세상을 배워가기 시작한 아이가 '고어' 영화를 보았다고 하자. 일반 성인들도 참아내기 힘들 정도의 역겨운 장면을 보며 자란 아이가 생활하는 미래 사회는 어떤 사회일까? 변태적 성행위를 담은 영상물을 아무런 제제 없이 어렸을 적부터 보며 자라온 아이의 머릿속에는 성인이 되어서도 고치기가 매우 힘든, 성(性)적으로 잘못된 가치관이 박혀있을 것이다.

영상물 등급 제한은 더 오래 산 사람들의 지적 허영심에서 나온 명령이 아니라 정신적 성장이 덜 된 이들을 위한 배려이며 교육이다. 성인들은 연소자들을 보호 할 의무가 있다. 그들의 바른 길로 나아가기 위한, 그들의 밝은 미래를 위한 여러 방법들 중 한 가지 방법으로 영상물의 연소자 관람 제한은 존재해야 하고 그것은 매우 옳은 방법이라는 것을 다시 한번 주장한다.

200자 요약 : 우리는 어떤 부분에서든지 수용하는 데 있어서의 한계를 가지고 있다. 그것은 정신적 측면에서도 마찬가지인데, 수용 가능한 만큼을 넘어선 것을 접했을 때 왜곡해서 수용하게 된다. 그렇기에 아직 정신적 성장이 덜 된 연소자에게 인간의 상상력을 가시화한 영상물에 일부 제한을 두는 것은 그들을 위한 하나의 교육이다.

제2부
질문을 통해 살피는 논술

1장

나로부터 시작하는 논술

_ 내 이름은 어떤 의미를 가질까?

나는 아버지와 어머니의 사랑의 결과로 태어난 존재입니다. 몇 년, 몇 월, 몇 일, 몇 시에 태어난 나는 그야말로 꼼지락거리는 생명 덩어리였을 뿐이지요. 나에게 부모님들은 사랑하는 마음을 담아 이름을 지어 주셨습니다.

이름은 나를 나타내는 기호이며 다른 사람과 나를 구별하는 상징입니다. 그러나 나는 이름의 소중함을 잘 느끼지 못합니다. 내가 알고 있는 모든 것들에 이름이 있기 때문이지요. 하지만 이름이 없다면 내가 존재한다 하여도 '공부하는 학생' 혹은 '버스를 열다섯 번째로 탄 아이' 라고 불러야 할 것입니다.

여러분은 나 자신과 내 이름에 관해 생각해 본 적이 있습니까?

이번 장에서는 한자가 나와 이름에 대해 어떻게 설명하고 있는지 알아보겠습니다.

한자로 생각하기

'우리' 또는 '나(我)'

나我는 나와 너, 나와 우리, 나와 가족, 나와 국가, 나와 세계처럼 '관계 속에서 밝혀지는 것' 입니다. 이 세상 모든 것들은 관계를 통해서만 파악할 수 있습니다. 혼자 있는 대상은 설명할 수도 없고 파악할 수도 없습니다. 지금의 '나' 가 어떤 존재인가는 과거-현재-미래라는 시간 속에서 관계된 대상들을 살핌으로써 파악할 수 있습니다.

인간(人間)

인간은 혼자서 살 수 없고 더불어 살아야 합니다. 그래서 사람 인人으로 표현하지 않고, 간間을 사용해서 사람과 사람이 관계를 맺는 세상을 표현한 것입니다.

이름(名)

이름은 사물이나 대상을 나타내는 약속된 기호입니다. 세상 사물들은 이름을 얻어야만 존재할 수 있습니다. 만약 여러분에게서 여러분의 이름이 사라진다면, 여러분은 무엇입니까? 이름은 사물과 사물을 구분하고 이해하는 기준이 된답니다.

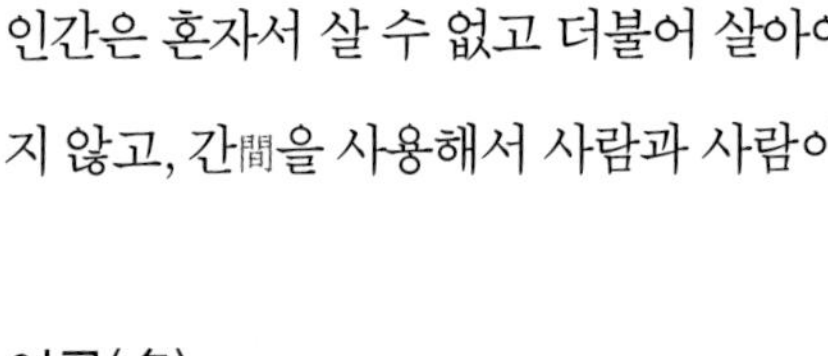

아(我)는 창 과戈가 속해 있어 무기의 종류를 나타냈습니다. 아我의 갑골문을 보면 날이 3개인 창을 그린 것이며, 이 삼지창은 전쟁에 사용하

기보다는 제사나 의전행사에서 사용했습니다. 제사나 의전행사는 공동체 모두가 참여했기 때문에 '우리' 또는 '나' 라는 의미로 변형되었습니다.

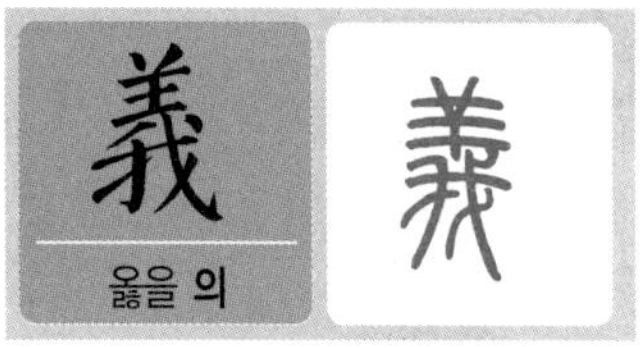

의(義)는 양羊과 아我의 결합으로 '의롭다' 를 나타내는 글자입니다. 제사 지낼 때 사용하는 아我에 양가죽으로 장식을 더해서 그림처럼 화려한 장식을 한 제사용 무기를 나타낸 것입니다. 이 무기는 신께 바치는 희생물을 죽이는데 사용했습니다. 제사용 물건과 일상의 생활의 물건은 구분해서 사용합니다. 고대 중국인들은 그것이 신에 대한 예의라고 믿었습니다. 또한 그들의 예의와 정성을 보고 신이 도와 줄 것이라고 생각했지요. 신에게 희생물을 바치는데 부엌에서 사용하는 칼로 한다면, 성의가 없어 신들이 도와주지 않을 것입니다. 이러한 제사를 행하는 것은 신의 뜻과 같아서 '옳다 · 의롭다' 는 뜻으로 확장되었습니다. 덧붙여 미美는 장성한 사람의 머리 위에 양털장식으로 아름다움을 나타낸 것입니다. 의義에서 쓰인 아름다운 창과 연관이 있는 글자지요.

제사용 무기를 들고 있는 사람들

인(人)은 사람을 옆에서 보고 그린 것으로 '사람' 을 나타냅니다. 팔八은 두 사람이 등을 지고 서 있는 모습을 옆에서 그린 형태로 서로 헤어지는 모습을 본뜬 글자입니다. 이것이 나중에

'여덟' 이라는 뜻으로 의미가 바뀌었습니다. 그러나 다른 글자와 결합할 때는 '서로 등지다' 는 뜻으로 사용합니다.

북北은 두 사람이 등진 옆 모양을 그려서 등을 뜻하는 글자였으나 '북쪽' 을 나타내는 뜻으로 글자가 바뀌었습니다. 이 때문에 새로 배背를 만들어서 '등' 을 나타내게 되었습니다.

화化를 보면 한쪽은 사람이 서 있는 모양을 그렸고, 다른 한쪽은 사람의 자세가 변한 모양을 그렸습니다. 여기에서 모양이 '바뀌다 · 고쳐지다' 는 뜻을 나타내게 되었습니다.

대大는 손과 다리를 벌린 사람의 모습을 정면에서 보고 그린 것이며, 문文은 사람의 가슴을 강조한 앞모습을 나타내는 한자입니다.

사람의 옆모습

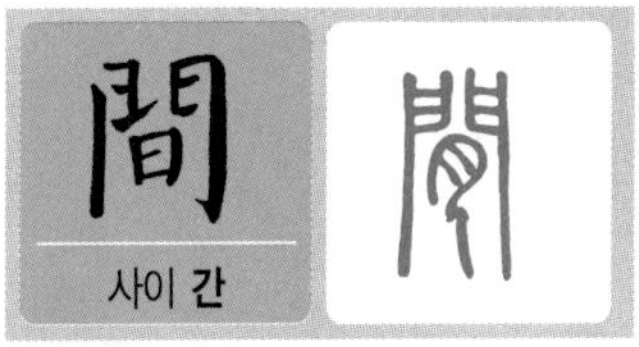

간(間)은 문門과 태양을 뜻하는 일日의 결합으로 '사이' 를 나타냅니다. 어두운 밤에 문사이로 빛이 들어오는 것에서 의미가 나온 것입니다. 갑골문이나 전서에서는 날 일日대신에 달 월月을 사용했으나, 근래에 오면서 지금의 형태로 모양이 변했습니다. 이 두 글자는 같은 뜻이지만 간間을 주로 사용합니다.

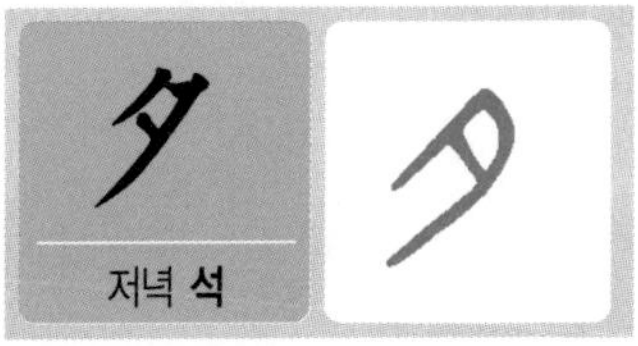

석(夕)은 '저녁' 을 나타냅니다. 이런 추상적인 한자를 보면 중국인들의 뛰어난 상상력을 알 수 있습니다. 저녁이라는 추상적인 단어를 어떻게 한자로 표기하였을까요?

중국인들은 저녁을 달과 연관해서 표현하였습니다. 산에서 막 떠오르는 달이 반만 보이는 모양을 보고 저녁 석夕을 만들었답니다. 달 월月자의 한 획을 줄인 것이지요.

명(名)은 저녁 석夕과 입 구口의 결합된 글자로 '이름' 을 나타냅니다.

이름이라는 추상적인 의미를 표현하기 위해 어두운 시간에 사용이 빈번함을 생각해서 표현한 것입니다. 잘 안보이기 때문에 입口으로 이름을 불렀을 것입니다.

돌발퀴즈

다음 한자를 상상해보세요.

(1) 위에서 설명한 의(義)를 참고해서 다음 한자의 음과 뜻을 유추해보세요.

儀__________ 議__________

(2) 다음 한자는 어느 때를 나타낼까요? 그림이라 생각하고 연상해보세요.

旦__________

힌트1: 儀는 사람 인(人)을 더해서 제사를 올리는 의식을 형상화한 글자가 의(儀)자입니다. 국민의례(國民儀禮)는 국가를 상징하는 국기에 대해 의식을 거행하는 것을 뜻합니다. 議는 말씀 言을 더해서 제례를 행하는 것을 나타내는 한자입니다. 큰제사를 담당하는 부서에서 서로 의논하여 의식을 거행했기 때문에 '의논하다、문의하다、계획을 세우다' 는 뜻이 되었습니다.

힌트2: 단(旦)은 아침을 나타냅니다. 저녁 석(夕)과 같은 원리로 만들어졌고, 밑에 한 일자는 지평선을 나타냅니다. 지평선 위에 태양을 그려서 태양이 막 떠오르는 모양을 형상화한 것입니다.

논리적으로 생각하며 기초 다지기

가) 내용은 사물을 말하고 형식은 그 사물이 갖고 있는 이름을 말한다고도 할 수 있습니다. '나(내용)' 이고 '이수석(형식, 이름)' 입니다. 아래에 적은 이름(형식)을 1문장 이상으로 설명해 보십시오.

(1) 인간이란 ______________________________

(2) 이름이란 ______________________________

(3) 학교란 ______________________________

(4) 논술이란 ______________________________

(5) 한자란 ______________________________

나) 내가(=이 책을 보고 있는 사람) 없어지면 발생하게 될 현상을 3가지 이상 문장으로 답해 보세요.

(1) ______________________________

(2) ______________________________

(3) ______________________________

_ 시간이 지나면 개념도 바뀔까?

'개념(槪念. concept)' 은 어떤 사물이나 기본적인 내용을 말하는 것으로써, 사물 현상에 대한 일반적인 지식이나 관념을 말합니다.

가령 비행기를 타본 적이 있는 사람, 비행기를 본 적이 있는 사람, 비행기에 관한 설명을 읽어서 어느 정도 이해한 사람은 저마다 비행기에 관한 얼마간의 개념을 가진 것입니다. 이러한 의미에서의 개념이란 '지식(知識)' 과 거의 같은 뜻으로 쓰이기도 합니다.

그런데 이 개념이라는 것은 절대적인 지식이 아니기 때문에 변화합니다. 다음은 고대 철학자 헤라클레이토스(Heracleitos : BC 540?~BC 480?)의 말입니다.

① 만물은 유전한다.

② 당신은 같은 강물에 발을 두 번 담글 수 없다.

③ 싸움은 만물의 아버지요 만물의 왕이다.

이 말은 세상 모든 것들이 시간의 흐름 속에서 운동하고 변화한다는 것입니다. 우주에는 서로 상반하는 것의 다툼이 있고, 만물은 다툼에서 생겨난다는 것이 ③의 의미입니다. 또한 ①과 ②는 이 세상 모든 사물과 사건들은 끊임없이 변한다는 것을 나타냅니다.

이번 장에서는 개념과 시간에 대한 한자어를 알아볼 것입니다. 한자어에서 어떠한 설명으로 시간과 개념에 대해 이야기하고 있는지 공부해 봅시다.

한자로 생각하기

개념(槪念)

개념이란 한자는 참으로 재미있게 만든 글자입니다. 곡식의 양을 알고 싶을 때, 과거에는 곡식을 되에 넣고 평미레로 민 후 수량을 쟀습니다. 이와 같이 여러 생각을 모아서 대강의 뜻을 나타낸 것이 개념槪念입니다.

시간(時間)

시간은 과거와 미래 사이에 현재가 있는 까닭으로, 사이 간間을 사용해서 시간을 표현한 것입니다. 시간과 시간 사이라는 의미입니다. 이것은 사람과 사람 사이를 '인간人間' 이라고 하는 것과 유사합니다.

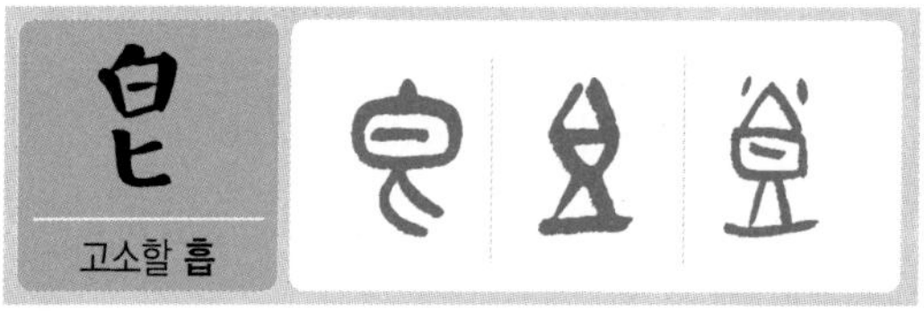

흡(皀)의 금문을 보면 먹음직스러운 밥을 가득 담아 뚜껑을 벌려놓은 모양을 나타낸 것을 알 수 있습니다. 다른 글자와 결합해서 사용하는 부수 글자이며, 고소함을 나타냅니다. 먹을 식食은 뚜껑이 덮어져 있는 밥을 나타내는 글자와 연관성이 있습니다.

고대 중국인의 밥그릇

旣
이미 기

기(旣)는 밥 고소할 흡皀과 머리를 돌린 모양인 기旡의 결합으로 '이미' 를 나타냅니다. 본래는 밥을 다 먹고 머리를 돌려서 상을 물리는 형태를 그린 것인데, 밥 먹는 것이 완료(끝났다)되었다는데서 '이미' 라는 뜻으로 바뀐 것입니다. 또한 기旡는 사람의 다리모양인 인儿과 결합해서 고개를 돌린 모양을 나타내었는데, '목메다' 는 뜻으로 의미가 전용되었습니다.

槪
대개 개

개(槪)는 나무 목木과 이미 기旣의 결합으로 '평미레' 를 나타냅니다. 곡식을 헤아릴 때 되 위쪽을 평평하게 미는 기구를 '평미레' 라 하는데, 그릇과 나무를 결합시켜서 의미를 나타냈습니다. 말이나 되에 곡식을 넣고 평미레로 밀어 양을 정확하게 헤아리는 데서 개념槪念이라는 의미가 나온 것입니다. 또한 평미레는 단단한 나무로 제작 했기에 '굳다' 는 뜻까지 확장되어서 자신이 갖고 있는 신조를 굳게 지킨다는 '절개節槪' 에도 쓰입니다.

되와 평미레

念
생각 염

염(念)은 금今과 마음 심心의 결합으로 지금 마음 속에 품고 있는 것에서 '생각하다' 는 의미를 나타냅니다. 그래서 심장과 머리로 품은

생각을 염두念頭라고 합니다. 생각하는 것은 표현을 하기 때문에 '외우다' 는 뜻으로 확장되어서, 불경을 외운다는 염불念佛에 사용합니다.

사(寺)에서 위의 사士는 발 모양인 가다 지之가 변한 모습과 손모양을 본 뜬 마디 촌寸과 결합해서 '절' 을 나타냅니다.

따라서 사寺는 손과 발을 나타내는 글자입니다. 이런 이유로 본래의 뜻은 정해진 곳에 가서 일을 처리하다는 의미에서 '관청' 을 뜻했습니다. 그러나 중국에 불교가 유입될 때, 중국에 들어온 스님이 임시로 관청에 머물렀기 때문에 '절' 이라는 뜻으로 바뀌었습니다.

모시고 일을 하다는 뜻의 한자는 사람 인人을 더해서 시侍를 새로 만들었습니다.

궁궐 안에서 임금을 모시는 내시內侍에서 그 흔적을 찾아 볼 수 있습니다.

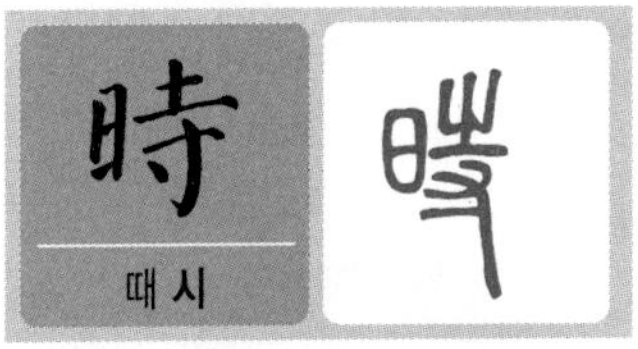

시(時)는 절 사寺와 날 일日의 결합으로 시간을 나타냅니다. 사寺는 정해진 곳으로 간다는 뜻이 있으므로 해가 일정하게 움직인다는 의미에서 시간을 뜻하게 되었습니다.

간(間)은 130page 참조

논리적으로 생각하며 기초 다지기

가) 시간의 흐름에 따라서 모든 것들은 변한다. 어릴 적의 나와 지금의 나는 정신적으로 육체적으로 틀리다.

(그렇다, 그렇지 않다, 모르겠다)

왜냐하면 ______________________

____

____

나) 나는 지금 (기쁘다, 화났다, 슬프다, 두렵다, 사랑의 감정에 빠져있다, 누군가를 미워하고 있다, 무언가를 하고 싶다)

왜냐하면 ______________________

____

____

다) 시간은 이 세상 모든 것들을 변하게 한다.

(그렇다, 그렇지 않다, 모르겠다)

왜냐하면 ______________________

____

____

라) '이 세상 모든 것들은 변한다.' 는 이 말만이 변하지 않는 유일한 것이다.

(그렇다, 그렇지 않다, 모르겠다)

왜냐하면

마) 시간은 모든 것을 파괴한다는 주장에 대해서 300자 이상으로 찬성이나 반대의 입장을 택해서 논술하시오.

_ 보고, 듣고, 만지는 모든 것을 믿을 수 있는가?

661년 원효대사와 의상은 당나라로 불교를 공부하러 떠났습니다. 그리고 동굴(실제는 무덤)에서 잠을 자다가 타는 듯한 갈증을 느꼈지요. 달콤하게 물을 마시고, 날이 밝아 다시 보았더니 밤에 마신 물은 해골에 괸 물이었습니다. 그 순간 원효대사는 모든 것이 마음에 달렸다는 것을 깨닫고, 유학을 포기한 채 신라로 돌아왔답니다.

원효대사가 밤에 마신 물과 해골에 담긴 물은 똑같은 물이었습니다. 다른 것이 있다면 어젯밤에는 해골에 담긴 물이라는 사실을 몰랐다는 것이고, 오늘 아침에는 그 사실을 알았다는 것뿐입니다. 객체(해골 물)는 변함이 없고 주체(원효 자신)의 인식만 변한 것이죠. 그런데 간밤의 달콤했던 물은 하루아침에 구역질나고 더러운 물이 되었습니다.

철학이란 학문에서 '주체(主體 /subject)' 와 '객체(客體 /object)' 라는 개념이 있습니다. 주체는 나를 말하는 것이고, 객체는 나를 제외한 이 세상 모든 것들을 말합니다. 철학에서는 이 주체를 '주관主觀' , 객체를 '객관客觀' 이라 표현하기도 합니다. 주관이란 사물이 진실이라고 주장할 수 있는 개념을 얻게 되는 '정신' 을 말하는 것이고, 객관이란 주관에 반응을 나타내게 모든 대상물인 '물체' 를 말합니다.

이번 장에서는 정신과 우리의 감각에 관한 한자를 공부하도록 하겠습니다. 한자의 설명을 읽고, 주체인 우리 자신이 객체인 세상을 어떻게 이해하고 받아들이느냐에 따라 인생과 삶이 바뀐다는 것을 생각해 봅시다.

한자로 생각하기

정신(精神)

정신에서 정精은 정미 된 쌀, 즉 생명의 근원을 나타내고, 신神은 신비로움의 뜻을 말합니다.

감각(感覺)

감각은 우리 몸의 모든 기관을 통해서 어떤 자극을 느낀다는 뜻입니다. 감感에는 모두의 의미가 내포 되어있습니다.

촉각(觸覺)

촉각은 피부에 닿아서 느껴지는 감각을 뜻합니다.

미(米)는 우리가 먹을 수 있는 상태의 쌀을 나타냅니다. 죽粥은 쌀 미米자를 가운데에 쓰고 양쪽에 활 궁弓자를 썼습니다. 김이 무럭무럭 나는 모양을 활 궁弓자 모형으로 그려서 쌀을 푹 끓이는 '죽' 을 나타낸 것입니다.

미국美國을 일본에서는 미국米國이라 표현 합니다. 이것은 넓은 나라인 미국에서 나오는 엄청난 양의 쌀을 상상해서 불렀다는 것과 미국을 쌀처럼 먹어 치우자는 것에서 사용했다는 이야기가 있습니다.

청(靑)은 날 생生과 붉은 단丹의 결합으로 만들어진 글자입니다. 생生은 땅에서 풀싹이 막 올라오는 모양을 본뜬 글자이고, 단丹은 동굴에서 캐낸 염료를 말합니다. 이 염료는 갓 피어나는 어린 싹의 '푸른색' 또는 음양오행에서 동쪽을 나타내는 동쪽 방향의 색을 말하는 것이지요. 중국인들은 자신들이 사는 나라를 세상의 중심이라 여겼고, 세상의 중심은 흙이었기에 흙의 색인 황색을 그들의 색으로 삼았습니다. 그래서 청색은 동쪽을, 적색은 남쪽을, 중앙은 황색을, 백색은 서쪽을, 끝으로 흑색은 북쪽을 나타냅니다.

중국의 동쪽에 있는 우리나라는 동쪽에 있는 언덕, 즉 '청구靑丘'라 불렀습니다. 역사를 청사靑史라고 부르는 이유는 시퍼렇게 살아 있어서 영원히 시들지 않음을 뜻하는 것입니다.

정(精)은 쌀 미米와 푸를 청靑의 결합으로 막 찧어 놓은 쌀을 뜻합니다. 또한 방아를 찧는 곳을 정미소精米所라고 합니다. 정미소에서 방아를 찧어 쌀의 가장 순수하고 맛좋은 결정을 만들어 낸다고 하여 깨끗한 결정체를 뜻하게 되었습니다. 그리고 이 쌀을 먹음으로써 나오는 힘을 정력精力이라고 합니다. 정미소에서 곡식을 찧는 일은 아주 정밀精密한 작업이라 여겨서 '정精' 자를 사용한 것입니다.

생명의 깨끗한 결정체는 우리 몸의 근원을 나타낸다고 해서 '정신'이라는 의미가 더해졌습니다. 이는 생명의 뿌리를 정자精子라고 쓰는데서 근거를 찾아 볼 수 있습니다.

신(申)은 갑골문을 보면 번개모양을 본떠 만든 것으로 번개는 하늘에서 퍼지기 때문에 '펴지다' 는 뜻을 가지게 되었습니다. 번개 속에는 전기가 있기 때문에 비 우雨와 번개의 변형된 모양을 더해 전기 전電을 만들었습니다.

신(神)은 신을 뜻하는 시示와 번개를 더해서 모든 '신' 을 나타냅니다. 현대인들도 천둥을 동반한 번개를 두려워하는데 고대인들의 두려움은 더 컸을 것입니다. 그들은 번개가 신이 내리는 징후라 생각해서 신의 대표성을 부여했습니다. 신에서 불가사의 한 뜻으로 확장되어져 '정신' 이라는 의미가 파생된 것입니다.

과(戈)는 창 모양을 본떠서 만든 글자입니다. 주로 목을 베거나 물건을 끌어내릴 때 사용했으며, 찌르는 것을 주로 하는 창은 모矛라고 합니다. 과戈는 고대 중국의 대표적인 무기로 이 글자와 결합하는 한자들은 대부분 전쟁을 뜻합니다.

술(戌)에 창 과戈가 들어 있는 걸 보면 무기 종류 중에 둥근 도끼

모습을 가진 것이 있었다는 것을 짐작할 수 있습니다. 그림에서 보듯이 둥근 도끼는 사람의 목을 베는데 사용했으며 '끊음'을 나타냈습니다. 시간이 흘러 술戌자는 십이지十二支의 11번째로 '개'를 상징하는 것으로 빌려 쓰게 되었습니다.

둥근 도끼를 들고 있는 사람

위威에서도 여女의 나머지 부분에서 술戌의 흔적을 찾을 수 있으며, 위威는 고대 중국에서 목을 벨 수 있는 여자의 '권위'를 나타냅니다.

함(咸)은 무기를 나타내는 술戌과 입 구口의 결합으로 '함성'을 뜻합니다. 전쟁이나 경기를 할 때 사기를 높이기 위해서 북을 치고, 피리를 불어 분위기를 띄우는 것을 고취鼓吹라고 합니다. 무기를 들고 전쟁을 시작하는 순간 모든 병사들은 함성을 질러 두려움을 잊고, 사기를 높였습니다. 그래서 원래의 뜻은 함성을 나타냈으나, 나중에 모두라는 뜻이 강조되어 '모두 · 다'라는 뜻으로 사용하게 되었습니다. 여기에 다시 입 구口를 더해서 함성 함喊을 새로 만들고, 원래의 뜻을 유지했습니다.

감(感)은 모두 함咸과 마음 심心의 결합으로 머리보다는 마음으로 생각하는 것을 말합니다. 중국인들은 모든 것을 심장으로 생각한다고 믿었습니다. 이 믿음에서 '느낀다'는 뜻이 생겼습니다. 그래서 아무것도 느끼지 못하는 것을 불감증不感症이라고 하며, 도덕 불감증이란 비도덕적인 행동을 하고서도 잘못을 느끼지 못하는 것을 말합니다.

각(覺)은 배울 학學의 생략된 모양과 볼 견見의 결합으로 '깨달음' 을 나타냅니다. 깨달음은 배우고 보아서 알게 되는데서 의미가 나온 것이며, 다시 '터득하다 · 깨다' 로 의미가 넓어졌습니다.

각(角)은 짐승 뿔의 모양과 무늬까지 그대로 그려서 '뿔' 을 나타냅니다.

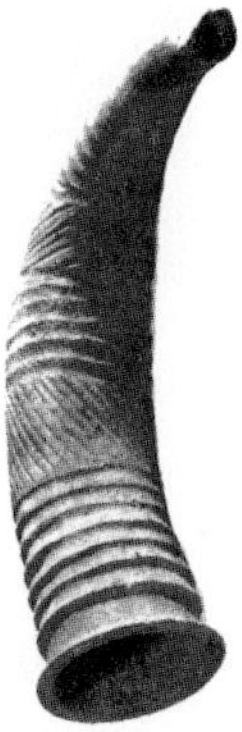

뿔은 머리에 달려서 뾰족하게 솟아 있기 때문에 두각頭角이라고 하면 '머리 뿔' 이라는 의미와 뛰어난 학식이나 재능을 나타내는 말입니다. 우리가 수학시간에 자주 듣는 각도角度는 본래 뿔이 나는 방향을 말했습니다. 그러나 '생각의 방향이나 관점' 또는 '한 점에서 갈려나간 두 직선의 벌어진 정도' 의 의미로 바뀌었습니다.

촉(蜀)은 벌레 충虫으로 보아 벌레 종류를 뜻하며, 삼국지의 유비가 세운 촉蜀나라 이름으로 잘 알려진 한자입니다. 원래 촉蜀은 벌레 충虫자 위쪽에 글자를 더한 것으로 '머리 부분이 큰 벌레' 의 모양을 형상화한 것입니다.

觸

닿을 **촉**

촉(觸)은 머리가 큰 벌레와 뿔 각角의 결합으로 큰 뿔처럼 생긴 '촉수'를 나타냅니다. 촉수로 더듬어서 방향을 잡는다는 것에서 '닿는다'는 의미가 확장되었으며, 접촉接觸이라고 할 때 사용합니다.

돌 발 퀴 즈

다음 한자를 상상해보세요.

(1) 위에서 설명한 미(米)를 참고해서 다음 한자의 음과 뜻을 상상해 보세요.

粉______________

힌트1: 分은 나누다의 뜻.

힌트2: 나누다 분(分)자와 결합시켜서 쌀을 잘게 나누는 데서 가루를 나타내게 되었으며, 분(分)은 발음 기호부분까지 담당하게 되었습니다. 여러분들이 즐기는 분식(粉食)를 뜻할 때 쓰입니다.

논리적으로 생각하며 기초 다지기

가) 백문이불여일견이란 말은 백번 듣는 것은 한 번 보는 것만 못하다는 뜻이다.

(그렇다, 그렇지 않다, 모르겠다)

왜냐하면

나) 이 말의 뜻은 눈으로 보는 것이 가장 믿을만하다는 것을 말한다.

(그렇다, 그렇지 않다, 모르겠다)

왜냐하면

다) 눈으로 볼 때 깨끗한 책상을 손바닥으로 쓸어보면 꺼칠꺼칠하다. 이것은 시각이 촉각보다 못할 때가 있다는 것이다.

(그렇다, 그렇지 않다, 모르겠다)

왜냐하면

라) 빛의 굴절현상으로 유리 비커의 쇠막대기는 굽어보인다. 영화는 1초에 30장의 연속된 사진을 보여준다. 그런데 우리 눈에는 움직이는 것으로 보인다. 똑같은 온도의 목욕물도 그 사람의 기분에 따라서 뜨겁게도, 차갑게도 느낀다. 이런 사실은 사람의 감각이 불완전하고 믿을 수 없다는 것을 나타낸다.

(그렇다, 그렇지 않다, 모르겠다)

왜냐하면____

마) 인간의 감각은 믿을 수 있다는 것에 대한 입장을 찬성과 반성의 어느 한 쪽을 택해서 300자 내외로 논술하시오.

_ 브루투스는 왜 죽었을까?

셰익스피어의 「줄리어스 시저(Julius Caesar)」에는 자신의 양아버지인 시저(Caesar, Gaius Julius)를 암살한 브루투스(Brutus, Marcus Junius)가 로마 시민들 앞에서 연설하는 명장면이 나옵니다.

"① 내가 시저를 쓰러뜨린 것은 시저를 덜 사랑한 탓이 아니라 로마를 더 사랑한 탓이었소. 여러분은 시저 혼자 살고, 다른 사람은 다 노예로서 죽기를 원하는가, 시저가 죽고 만인이 자유인으로 살기를 원하는가? ……시저의 사랑에 대해서는 눈물이, 행운에 대해서는 기쁨이, 용기에 대해서는 존경이, 야심에 대해서는 죽음이 있을 뿐이오. ② 이 중에 누구 스스로 노예의 처지를 원할 만큼 비열한 인간이 있소? 있다면 나서시오. 그 사람에게는 내가 죄를 범했소. 자, 로마인이 되기를 싫어할 만큼 몽매한 사람이 누구요? 있다면 나서시오. 그 사람에게는 내가 죄를 범했소. ③ 조국을 사랑하지 않을 만큼 비열한 자가 누구요? 있다면 나서시오. 그 사람에게는 내가 죄를 범했소. 자, 대답을 기다리겠소."

잠시 후, 시저의 총애하는 부관이자 동료였던 앤토니가 시민들 앞에 나타나 호소합니다.

"여러분께 눈물이 있다면, 지금이 쏟을 때요. 여러분은 모두 이 외투를 아실 거요. 나는 기억하오, 시저가 처음 이것을 입던 날을. 여름날 저녁, 그의 막사에서였소. 너어비족을 이기던 그 날. 보시오, ④ 이곳을 캐시아스의 단검이 찔렀소. 보시오, 이 틈은 가증할 캐스카가 낸 칼자국이오. 그리고 이것이 그렇게 시저의 총애를 받은 브루투스가 찌른 자국이오. ⑤ 동포 여러분! 이제 나나 여러분이나 우리는 모두 쓰러진 것이오."

시저의 암살에 대해 브루투스는 무죄든지 유죄든지 양자 중 하나일 것입니다. 무죄면서 동시에 유죄일 수는 없기 때문입니다. 그런데 로마 시민들은 브루투스의 연설을 듣고서 그에게 무죄를, 그리고 앤토니의 연설을 듣고서는 브루투스에게 유죄를 내렸습니다.

로마시민들은 변덕이 심했을까요? 자, 이제 천천히 살펴봅시다.

밑줄 친 ①번 문장에 의해서 로마시민들은 시저를 죽인 브루투스가 불쌍하다며 무죄를 선언합니다. 만일 브루투스에게 유죄를 선언한 사람은 ②번 문장에 의해서 '노예'가 됩니다. 그리고 ③번 문장에 의해서 '조국을 사랑하지 않는 비열한 인간'이 됩니다. 그래서 로마 시민들은 브루투스에게 무죄를 선언합니다. 브루투스는 로마시민들이 유죄라고 선언하는 것을 말할 수 없게 만든 것이지요. 로마 시민들은 브루투스의 말을 듣고는 그에게 무죄를 선고할 수밖에 없었습니다.

밑줄 친 ④번 문장을 봅시다. 로마시민들은 엔토니의 말을 듣고, 시저를 죽인 브루투스와 그 부하들에게 분노를 느낍니다. 마지막 ⑤번 문장은 쐐기를 박는 문장입니다. 실제로 죽은 것은 시저였지만 브루투스에게 무죄를 선언하면 로마시민들도 죽는 것이라는 생각을 들게 한 것이지요. 그래서 로마시민들은 브루투스에게 유죄를 선언하고 죽입니다.

이와 같은 현상은 인간이 감정과 상황에 따라서 다른 판단을 내리는 불완전한 존재이기 때문입니다. 이 불안전성은 인간이 가진 선입견에서 비롯됩니다. 인간은 누구나 선입견을 갖고 있습니다. 선입견이란 어떤 사물이나 현상을 보거나 그것에 관한 이야기를 듣기만 하고 '그것은 ~ 것이다'라고 판단해 버리는 것입니다.

누구나 갖고 있는 이 선입견을 버리거나 극복하기는 참으로 어렵습니다. 그렇기 때문에 자신의 기준을 올바르게 갖는 것이 중요한 것이지요.

이번 장에서는 선입견이라는 한자를 살펴보면서, 인간이 옳고 그름을 판단할 수 있을지 고민해 봅시다.

길잡이

셰익스피어의 「줄리어스시저」

시저(카이사르라고 부르기도 함)는 로마 공화정 말기의 정치가이자 장군입니다. 지금의 프랑스 지방인 갈리아를 정복하였으며, 로마 공화정(=민주주의)을 파괴하고 로마 제정(=황제의 통치, 1인 독재 정치)를 시작한 사람입니다. 1인 지배자가 되어 각종 사회정책, 역서의 개정 등의 개혁사업을 추진하였습니다. 그는 BC 100년에 태어나서 그의 양아들 브루투스에게 BC 144년에 암살당했습니다. 이런 그의 일대기는 셰익스피어를 비롯하여 많은 문인들의 손으로 다루어졌습니다. 윗글은 시저의 일대기를 다룬 셰익스피어의 「줄리어스 시저(Julius Caesar)」에 나오는 장면입니다.

한자로 생각하기

선입견(先入見)

먼저 들어가서 본다는 의미입니다. 어떤 대상에 대하여 이미 마음속에 가지고 있는 고정적인 관념이나 관점을 나타냅니다.

선(先)은 전서를 보면 위쪽의 발 모양인 가다 지之와 아래쪽의 사람모양인 인儿의 결합입니다. 발을 사람 위쪽에 놓아서 '먼저 · 앞서다' 를 나타냈습니다.

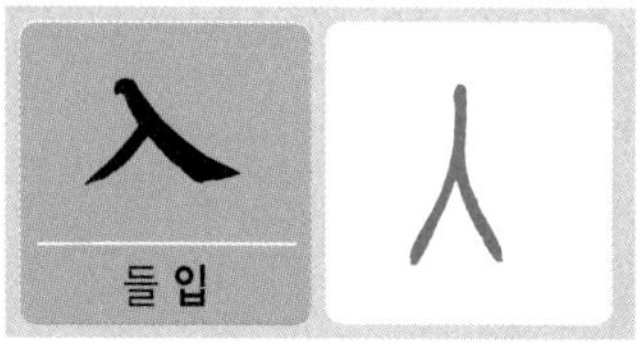

입(入)은 예전 황하유역에서 굴을 파고 들어가 집을 짓고 살때, 집 입구쪽에 무너지지 않게 세운 나무 모양을 본 뜬 것입니다. 여기서 '들어가다' 의 뜻이 나온 것이며 입구入口라 할때 근거가 남아 있습니다.

내內는 문 안쪽으로 들어가는 모양에서 안쪽을 나타냅니다. 납納은 비단을 나타내는 실 사糸와 속 내內자가 합쳐진 것으로 비단을 완성하여 안쪽으로 넣는다는 의미에서 '넣어두다 · 수확하다' 는 뜻이 되었습니다. 또한 완성된 비단을 세금으로 바쳤으므로 '바치다' 의 의미가 나왔습니다. 세금을 납부納付하다는 말에서 그 의미의 유래가 남아 있습니다.

보전保全이라고 할 때, 전全은 들 입入과 구슬 옥玉의 결합으로 만든 글자입니다. 귀중한 옥은 항상 깊이 들여 놓아야 안전할 수 있다는 데서 의미가 생긴 것입니다.

왕王자 형태는 다른 한자와 결합할 때는 구슬 옥玉을 의미합니다. 잘 알아 두세요.

견(見)은 사람의 다리를 강조한 인儿과 눈 목目이 결합해서 '보다' 는 뜻을 나타냅니다. 사람 모양에서 눈을 크게 강조한 것을 보면 '보다' 는 의미를 형상화했다는 것을 알 수 있습니다. 내가 다른 대상을 볼 때는 '견' 으로 읽고, 나를 남에게 나타내거나 보일 때는 '현' 으로 발음합니다. 어른을 뵐 때 알현謁見이라 읽는 것에 근거가 남아있으며, 현재現在를 뜻하는 현現도 음을 '현' 으로 발음하는 것에서 이를 알 수 있습니다.

논리적으로 생각하며 기초 다지기

가) 사람들은 모두 선입견과 편견을 갖고 있다. (그렇다, 그렇지 않다, 모르겠다)

왜냐하면 ____________________

____

나) 흑인들은 얼룩말의 색깔을 검은색 바탕에 흰 줄이 쳐졌다 하고, 백인들은 흰색 바탕에 검은 줄이 쳐졌다고 이야기한다.

(그렇다, 그렇지 않다, 모르겠다)

왜냐하면 ____________________

____

다) 코끼리의 코를 만진 장님은 코끼리 코가 새끼줄 같다고 했고, 귀를 만진 장님은 부채 같다고 했으며, 다리를 만진 장님은 기둥 같다고 이야기했다. 이것은 사람은 자기가 경험한 것을 토대로 무엇인가를 판단하고 말한다는 것을 보여준다. (그렇다, 그렇지 않다, 모르겠다)

왜냐하면________________________________

라) 높은 산 위에서는 물이 100℃보다 낮은 온도에서 끓는다.

(그렇다, 그렇지 않다, 모르겠다)

왜냐하면________________________________

마) 부처 눈에는 부처만 보이고, 돼지 눈에는 돼지만 보인다는 말의 의미를 설명하고, 선입견으로부터 인간이 자유로울 수 있는지에 대해서 300자 내외로 논술하시오.

_모르는 것이 죄일까?

정직하고 성실한 청년이 있었습니다. 그는 신문의 사원 모집 광고를 보고 한 회사를 찾아가서 일자리를 얻었습니다. 그는 1년 동안 단 하루도 지각하거나 결근하는 일이 없었고, 종이 한 장, 전화 한 통화도 결코 개인적인 일로 사용하지 않았습니다. 그래서 그는 사장과 회사 간부들로부터 늘 칭찬을 받았습니다.

그런데 이 회사는 무역회사 간판을 걸어놓고 실제로는 폭력으로 사건을 해결해 주는 폭력 청부회사였습니다. 청년도 입사해서 이 사실을 알았지만 단 한 번도 폭력에 가담하지 않았습니다. 자신은 폭력을 사용하는 업무와는 전혀 상관없다고 생각했습니다. 그는 꼬박꼬박 적금을 부었으며, 가족을 위해 귀가를 서두르는 선량한 가장이었습니다. 그가 폭력 회사에 다닌 것은 죄일까, 아닐까요?

이번 장에서는 '무지'와 '죄'에 대한 한자를 다뤄보도록 하겠습니다. 한자의 설명을 통해 위 질문에 대한 답이 되길 바랍니다.

한자로 생각하기

무지(無知)

무지는 한자대로 해석하면 아는 것이 없다는 뜻입니다. 어린 아이는 불을 무서워하지 않습니다. 이것은 불에 대해 아는 것이 없기 때문에 두려움이 없는 것이지요. 이런 행동에서 알지 못해서 우악스럽다는 의미까지 확장되었습니다.

무(無)는 79page 참조

시(矢)는 화살 모양을 본뜬 글자에서 의미가 나온 것입니다.

화살은 개인의 기본무기로 사용했으며, 화살의 길이는 항상 똑같았기 때문에 길이를 재는 도구로 이용했습니다. 아주 긴 길이 보다는 짧은 길이를 재는데 사용했기에 '짧다' 는 뜻이 내포되어 있습니다. 짧은 단短 · 왜소할 왜矮에서 흔적을 찾아 볼 수 있습니다.

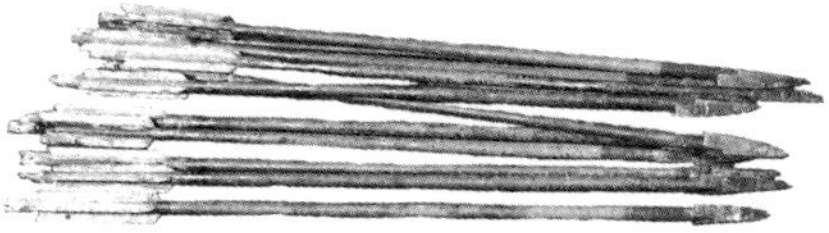

지(知)는 화살 시矢와 입 구口의 결합으로 '알다' 를 나타내는 글자입니다. 화살을 쏜 후, 과녁에 맞았는지를 사람들에게 큰 소리로 알리는데서 '들어서 알다' 는 의미가 되었습니다. 그리고 이 소리를 듣고 화살의 적중여부를 알았기 때문에 '깨닫다' 는 의미까지 확장된 것입니다. 결과적으로 지知에는 아는 것을 혼자만 알지 말고 여러 사람들과 같이 공유해야 한다는 의미가 있습니다.

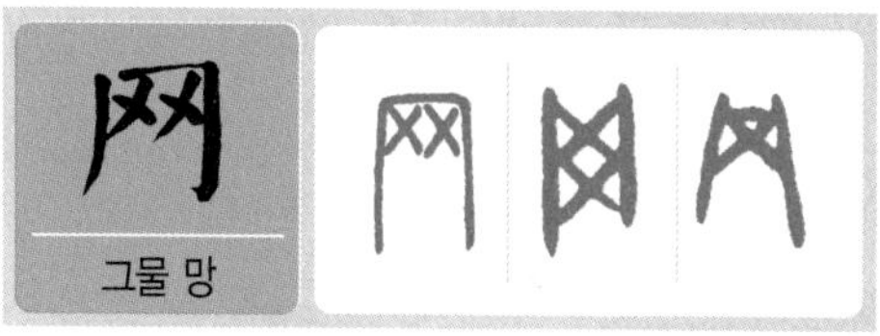

망(网)은 그물의 모양을 그대로 그려서 의미를 나타냈습니다. 중국에서는 웹사이트를 망网으로 쓰고, 네티즌을 망민网民이라 씁니다.

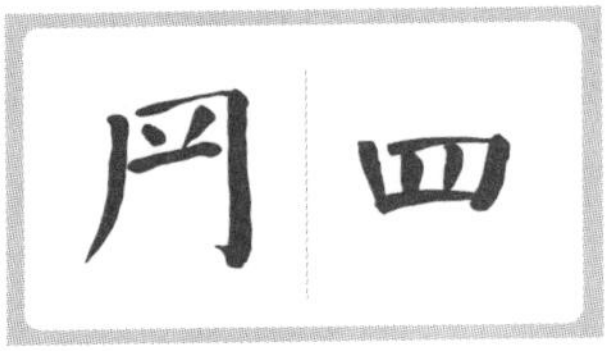

망(网)은 다른 글자와 결합해서 부수로 사용하는 경우가 많은데, 왼쪽의 글자처럼 변형된 형태로 결합합니다. 이렇게 만들어진 하나의 글자를 부수라고 부릅니다. 부수는 한자의 씨앗과 같은 역할을 하면서 그 글자의 의미를 결정하는 중요한 성분이므로 반드시 기억해 두어야 합니다.

그물을 나타내는 '망网' 이란 글자는 그물을 나타내는 망罔과, 새 그물을 나타내는 라羅에서 그 근거를 찾아 볼 수 있습니다.

죄(罪)는 그물 망罒과 새 날개가 어긋나있는 모양을 본뜬 비非의 결합으로 '죄' 를 나타내는 글자입니다.

원래 갑골문에서 보듯이 죄辠를 사용했으나 황제를 나타내는 황皇자와 모양이 흡사해서 진시황 때 사용이 금지되었습니다. 그래서 죄辠를 나타내기 위해 새로 만든 글자가 '죄罪' 자입니다. 그물 망网과 결합시킨 것은 고기 잡듯이 죄진 사람을 잡아들인다는 뜻에서 유래한 것입니다.

논리적으로 생각하며 기초 다지기

가) 교통 법규를 모르는 80세의 할머니가 빨간불일 때 횡단보도를 건너다 교통순경에게 적발되었다. 물론 차들의 통행에는 아무런 불편도 주지 않았다. 경찰관이 할머니에게 도로 교통법 위반으로 범칙금을 부과하는 것은 잘한 일이다.

(그렇다, 그렇지 않다, 모르겠다)

왜냐하면 ______________________________

____

나) 자동차가 뜸해진 틈을 타 색맹인 사람이 무단횡단을 하였다. 이 사람에게 범칙금을 부과하는 것은 잘한 일이다.

(그렇다, 그렇지 않다, 모르겠다)

왜냐하면 ______________________________

____

다) 돈을 내고 물건을 사야한다는 것을 모르는 어린이가 문구점에서 마음에 드는 로봇을 골라서 집으로 가버렸다. 가게 주인이 그 아이와 부모를 경찰에 신고하는 것은 당연하다.

(그렇다, 그렇지 않다, 모르겠다)

왜냐하면 ______________________________

____

라) 폭력조직이 운영하는 회사가 있다. 이 회사 사원인 홍길동은 회사의 운영진들이 조폭인 줄도 모르고 열심히 일했다. 홍길동과 많은 사람들의 노력으로 그 회사는 나날이 번창하였다. 물론 운영진에게 법망을 피하도록 요령을 가르쳐 준 것은 홍길동과 회사 동료들이 하였다. 이 경우 홍길동은 죄가 없다.

(그렇다, 그렇지 않다, 모르겠다)

왜냐하면______________________________

____

마) '무지는 죄이다.' 는 말에 대한 자신의 생각을 300자 내외로 논술하시오.

____

____

____

____

____

____

____

____

____

____

____

____

____

____

_ 어떻게 살아야 할까?

"당신은 어떤 인간입니까?" 라는 질문에 대한 다음 학생의 대답을 살펴봅시다.

"나는 흔하게 볼 수 있는 인간입니다. 공무원으로 계시는 아버지와 은행에 다니시는 어머니 사이에서 장남으로 태어났으며, 19년간 평범하게 살아온 고등학교 3학년 학생입니다. 나는 고민하는 인간입니다. 대학 입시는 바짝 다가오고, 부모님은 내색하시지는 않지만 명문 대학의 인기 학과에 붙기를 간절히 바라고 계십니다. 나는 희망에 찬 미래를 꿈꾸는 사람입니다. 앞으로 유전공학을 전공해서 식량문제를 해결하고, 인류의 질병을 치료할 원대한 계획을 품고 있습니다."

대답을 통해 여러분은 이 학생에 관해 얼마만큼 알 수 있나요? 과연 진정한 '나' 에 관한 문장을 하나라도 찾을 수 있었나요? 다음의 대화도 살펴봅시다.

"고등학교 졸업하면 어떻게 할 겁니까?"
"우스운 질문이군요. 대학에 가야죠. 무엇을 어떻게 하겠어요?"
"대학을 졸업하면 어떻게 할 건가요?"
"군대 갔다 와서 취직하고, 그리고 결혼해야죠."

학생으로서 스스로 결정하여 대학에 가야 할지 깊이 생각해본 사람이 몇이나 될까요? 젊은이로서 결혼을 해야 할지 아닐지를 심각하게 생각해본 사람이 몇이나 될까요? 남들이 학원에 다니니까 나도 다니고, 남들이 대학에 가니까, 부모가 가라고 하니까 대학에 가고, 남들이 장가가고 시집가니까 나도 장가가고 시집가고…….

이렇게 생각해보면, 결국은 내가 내 인생을 살아가는 것이 아니고 남이 내 인생을 살아가는 것이 아닐까요?

여러분은 '나' 라는 인간에 대해 고민해야 합니다. 인간의 외면적인 이야기를 하면서 인생을 살면 안된다는 것입니다. 이 장에서는 '군대' 라는 한자를 공부하면서, 어떻게 살아야 할 것인지에 대한 고민을 했으면 좋겠습니다.

한자로 생각하기

군대(軍隊)

군대는 정해진 규율과 질서를 가지고 조직된 군인의 무리를 뜻합니다.

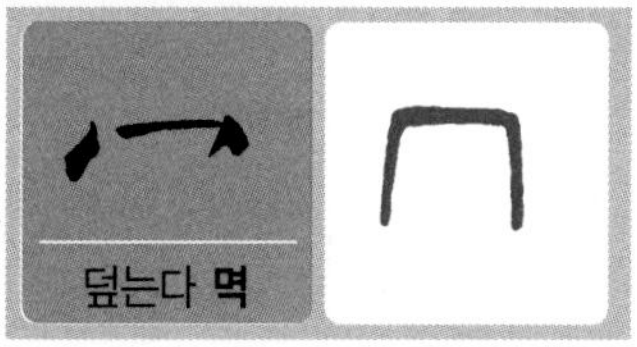

멱(冖)은 천으로 덮어놓은 모양을 본떠서 '덮는다' 는 뜻을 나타내며, 단독으로는 사용하지 않고 다른 글자와 결합해서 사용합니다. 관冠은 사람의 머리를 뜻하는 원元과 손을 나타내는 마디 촌寸의 결합으로 모자를 뜻합니다. 과거에 사용했던 모자 '갓' 을 나타내지요. 무릅쓰다 모冒, 모자 모帽, 면류관 면冕에 흔적이 남아 있습니다.

車
수레 **차**

차(車)의 갑골문은 마차와 두 마리 말이 끄는 끌채를 그렸습니다. 그래서 '수레' 라는 의미가 나온 것입니다. 원래는 타고 간다는 의미에서 간다 거去의 음을 취해 '거' 라고 읽었습니다. 현대에서는 '차' 로 발음하는 경우가 많아서 객차客車 · 기차汽車 · 주차駐車 등에 쓰입니다.

軍
군사 **군**

군(軍)은 초기 갑골문에서 수레 거車와 고르다 균匀의 결합으로 '군대' 를 나타냅니다. 균匀은 둘러 싸다는 포勹와 두 점二의 결합으로 똑같은 비율로 나눈다는 뜻입니다. 병사들이 음식이나 무기를 옮겼던 수레는 지금의 전차라 생각하면 될 것이며, 이 전차를 적당한 곳에 고르게 배치하는 형태에서 의미가 나온 것입니다. 배輩는 군인들이 전차 뒤를 줄지어 따라가는 모양에서 '무리' 를 나타내게 되었으며, 계급이 비슷한 군인들이 같은 대열에서 행동했기 때문에 '부류 · 등급' 이라는 뜻으로 확장되었습니다.

阝
언덕 **부**

부(阜=阝)는 반드시 다른 글자와 결합할 때는 왼쪽에 놓이며 '언덕' 을 의미합니다. 황하유역은 중국 문명의 발생지입니다. 이곳의 황토고원 지대에는 동굴집이나 반지하식 주거구조가 많았는데, 황토층을 깎아서 만든 계단을 본뜬 글자가 부阜=阝입니다. 제방 방防, 내려오다 강降, 언덕 릉陵, 계단 계階 등에서 사용됩니다.

같은 모양으로 오른쪽에 놓이면 고을을 나타내는 읍邑자의 생략형으로 나라 방邦과 고을 군郡, 도시 도都, 시골 향鄕에서 흔적을 볼 수 있습니다. 모양이 같은 이유로 혼동하기 쉬우니 결합한 글자를 하나씩 정확하게 알아 두면 쉬울 것입니다.

대(隊)는 돼지 시豕가 들어가서 멧돼지 무리가 언덕을 무리지어 올라가는 형상을 그린 것입니다. 멧돼지가 올라가다 땅에 떨어지는 경우도 있을 것인데, 추락墜落할 때 쓰는 '떨어지다 추墜' 에서 근거를 찾을 수 있습니다. 멧돼지가 무리지어 행동하기 때문에 '무리' 라는 뜻이 확장되었으며, 다시 '군대' 라는 뜻으로 넓어진 것인데, 군인들이 무리지어서 성을 공격하는 모습을 연상했던 모양입니다.

논리적으로 생각하며 기초 다지기

다음 문장에 답해 봅시다.

가) 지금 내가 가장 소중하게 생각하는 것은____________________이다.

왜냐하면 ______________________________ 때문이다.

나) 지금 내가 갖고 싶은 것들은 ______________________________ 이다.

왜냐하면 ____ 때문이다.

다) 나는 먹고 입고 자고 하는 기본적인 의식주만 갖추어지면 만족할 수 있다.

(그렇다, 그렇지 않다, 모르겠다)

왜냐하면 ____

라) '내가 내 인생을 살아가는 것이 아니고 남이 내 인생을 살아가는 것이 아닐까요?' 라는 질문에 대한 각각을 문장으로 답해 주십시오.

1) 내가 내 인생을 살아가는 것이라고 생각하는 이유

____

____

2) 남이 내 인생을 살아가는 것이라고 생각하는 이유

____

____

마) 자신의 꿈과 이상, 어떻게 살 것인지에 대한 편지를 자신에게 쓰십시오.

사랑하고 믿음직스러운 ㅇㅇㅇ에게

____

____

____

____

2장

사회, 문화 영역에서의 논술

_ 진정한 자유는 무엇일까?

인간의 부도덕한 일에 대해서 처벌을 하거나 책임을 추궁하려면 우선 전제해야 할 조건이 있습니다. 바로 이것을 할 것인가, 저것을 할 것인가를 선택할 수 있는 자유의지입니다. 자유의지가 인간에게 있다고 전제해야만 처벌과 책임 추궁이 가능한 것이지요.

도둑질을 하는 것은 잘못이라고 처벌하는 예를 들어봅시다.

도둑질을 할 수도 있고, 안 할 수도 있었는데 도둑질을 했기 때문에 처벌하는 것입니다. 만일 절도자가 도둑질을 할 수밖에 없었기 때문에 한 것이라면 우리는 그를 처벌할 수 없습니다. 적을 죽일 수밖에 없는 전쟁에서는 살인도 면책免責받습니다. 즉, 정당방위正當防衛가 인정되는 것입니다.

그러나 자유의지를 가지고 도둑질을 저지른 사람을 처벌하는 까닭은, 그 행위가 사회의 신뢰를 무너뜨린 행위였기 때문입니다.

인간이 누리는 자유 속에는 책임이 전제되어야 합니다. 책임을 다하지 않으면 처벌을 받습니다. 이번 장에서는 책임과 처벌에 관한 한자를 알아봅시다. 그리고 지금 여러분이 누리고 있는 자유 속의 책임을 생각해 봅시다.

한자로 생각하기

책임(責任)

책임은 사람이 해야 할 임무와 의무를 맡긴다는 뜻입니다. 이 때문에 결과에 대해서는 상벌賞罰을 통한 제재를 받습니다.

처벌(處罰)

처벌은 형벌에 처함이라는 뜻입니다. 그런데 이 글자의 의미에는 호랑이와 함께 살다는 뜻이 있습니다. 옛날에는 호랑이와 함께 살게 하는 벌도 있었나 봅니다.

책(責)은 가시나무 자朿와 조개 패貝가 결합한 글자입니다. 그러나 지금의 글자는 많이 변화했기 때문에 옛날 전서의 글자 모양을 상상할 수는 없습니다. 가시나무 자朿와와 조개 패는 모두 억압의 의미로 사용한 것 같습니다. 왜냐하면 가시나무는 힘들다는 것을, 조개 패貝는 돈을 상징하기 때문입니다.

가정을 꾸리고 경제적인 면에서 책임을 져야한다는 뜻에서 책責은 '책임 · 꾸짖다' 의 뜻을 가지고 있습니다. 또한 다른 글자와 결합할 때는 가시나무가 우거져서 자라는 모습을 나타냅니다. 남에게 돈을 빌리면 이자가 금방 불어납니다. 이런 이유로 '쌓다 · 많아진다' 는 뜻까지 확장되었습니다.

채債는 책責과 사람 인人을 더해서 경제적인 책임이 늘어났다는 것을 말합니다. 즉 남에게 빌린 빚을 나타냅니다. 그래서 남에게 빚을 갚아야 하는 의무를 채무債務라 합니다.

적績은 실을 만들어 쌓는다는 것에서 '길쌈하다' 는 뜻입니다. 또한 성적成績은 서로 길쌈을 해서 비교하는 풍습에서 적績을 사용한 것입니다.

적積은 책責과 벼 화禾와 더해서 만든 글자입니다. 수확한 벼를 들에 '쌓다' 는 뜻이며, 적금積金은 벼를 거두어 모으듯이 돈을 모으는 것을 의미합니다. 적績은 모아서 비교해 본다는 의미가 강한 반면에, 적積은 그냥 모으다는 의미만이 있을 뿐입니다. 어원을 통해서 공부하면 혼동하지 않고 오래 기억할 수 있는 장점이 있겠지요?

적蹟은 책責과 발 족足이 결합해서 많은 발자국을 형상화해서 발자취를 나타낸 것이며, 사적史蹟은 역사적인 발자취를 나타냅니다.

임(任)은 사람 인人과 베틀을 나타내는 임壬과 결합해서 '맡기다' 는 뜻입니다. 임壬은 경巠과 함께 고대의 원시 베틀을 나타내는 글자로 날줄을 걸지 않은 상태를 형상화한 글자입니다. 아직 날줄을 걸지 않는 베틀에 비단 짜는 일을 맡기는 모양에서 일을 '맡다 · 책임지다' 는 뜻이 생겼습니다. 베 짜는 일은 어차피 혼자서 해야 하는 일이기 때문에 '마음대로 하다' 는 뜻까지 확장되어, 임의任意는 마음대로 한다는 의미입니다.

虎
범 호

호(虎)는 호랑이의 모양을 본떠서 만든 글자이며, 다른 글자와 결합하는 부수로 사용할 때는 虍로 일부분을 생략해서 사용합니다.

학虐은 호虎의 생략형과 손모양을 옆으로 뒤집은 모양을 결합시켜서 호랑이 발톱을 나타냅니다. 여기서 '가혹하다 · 사납다 · 잔인하다' 의 뜻이 나왔으며, 모질게 다스리는 학정虐政과 잔인하게 죽이는 학살虐殺에 사용합니다.

호號는 호랑이에 입 구口를 더해서 호랑이가 입으로 울부짖는 모양을 형상화했습니다. 그래서 '부르다' 는 뜻으로 확장되었으며 이름을 대신해서 부르는 호號에 사용하게 되었습니다.

處
곳 처

처(處)는 호랑이를 나타내는 호虍와 발 모양 치夂가 더해져서 호랑이가 사는 곳을 나타냅니다. 사람의 목숨을 앗아가기도 하는 호랑이가 사는 장소는 사람들이 꼭 알아두어야 할 장소였습니다. 여기에서 '장소 · 거처 · 살다' 의 뜻이 나왔습니다.

그러나 호랑이가 사는 곳은 사람이 파악하기 힘들었기 때문에, 이 글자는 숨어 사는 것을 나타낼 때도 사용합니다. 그래서 처서處暑라 함은 더위가 숨어서 물러갔다는 의미가 되며, 이때부터 가을이 시작됨을 나타냅니다. 처사處士는 과거에 벼슬을 하지 않고 초야에 숨어 사는 선비를 이르는 말입니다.

罰

벌주다 벌

벌(罰)은 그물의 모양을 본떠서 만든 망罒과 말씀 언言과 칼 도刂가 결합해서 '벌주다' 는 뜻을 나타내는 글자입니다. 그물로 잡아 가두어 놓고 말言로 꾸짖거나 칼로 위협하는 것에서 의미가 나온 것입니다.

돌 발 퀴 즈

위에서 배운 책(責)을 참고해서 다음 단어 빈칸에 적당한 한자를 써 보세요.

옛사람들의 발자취를 고적(古___)이라 하고, 이룩해 놓은 성과를 업적(業___)이라 하며, 선한 일을 쌓는 일이나 어려운 사람에게 동냥하는 것을 적선(___善)이라 합니다

힌트: 차례대로 발의 흔적이 모인 것은 적(蹟), 성과는 비교하는 성격이 강하므로 적(績), 그냥 쌓기만 하는 적(積)을 사용하면 됩니다.

논리적으로 생각하며 기초 다지기

가) 나는 오늘 학교에 올 수도, 오지 않을 수도 있었다.

(그렇다, 그렇지 않다, 모르겠다).

왜냐하면 ______________________________

____

나) 나는 오늘 점심을 학교 식당에서 먹을 수도, 밖에 나가서 먹을 수도 있다.

(그렇다, 그렇지 않다, 모르겠다).

왜냐하면 ______________________________

____

다) 나는 놀기만 할 수 있을까? (그렇다, 그렇지 않다, 모르겠다).

왜냐하면 ______________________________

____

라) 인간은 자기가 하고 싶은 것만 하며 살 수 있다.

(그렇다, 그렇지 않다, 모르겠다).

왜냐하면 ______________________________

____

마) 칼을 든 강도를 체포하려다 실수로 강도를 죽인 시민을 처벌할 수 있다.

(그렇다, 그렇지 않다, 모르겠다).

왜냐하면 ______________________________

____

바) 인간에게 자유가 있는지에 대한 자신의 생각을 300자 내외로 논술하시오.

____

____

____

_ 희귀 동물을 어떻게 보호해야 할까?

황금박쥐는 우리나라 환경부가 지정한 멸종 위기 동물 제1호이며, 천연기념물 452호입니다. 또한 우리나라에는 아직도 존재하고 있는 이 황금박쥐는 세계 희귀종입니다.

여러분은 멸종해 가는 동물이 자신과 상관없다고 생각할지도 모릅니다. 하지만 이 세상은 보이는 것만이 전부가 아닙니다. 지금 내 눈에는 보이지 않지만, 세상 모든 것들은 연결되어 있습니다.

우리가 먹는 '쌀' 도 많은 사람들이 연관되어 있습니다. 우선 쌀을 생산하기 위한 농부와 트랙터나 농기구를 만드는 수많은 노동자, 또한 쌀을 먹기 위해 구입하는 사람들은 연결되어 있는 것이지요.

멸종위기에 처해 있는 동물도 마찬가지입니다. 그들이 사라져가는 이유 중에 하나는 우리가 점심시간에 버린 음식물 쓰레기 때문일 수도 있습니다. 음식물 쓰레기는 지구 온난화를 가져왔고, 악화된 환경은 동물의 적응력을 떨어뜨리는 것입니다.

환경오염을 막기 위해서는 나 자신이 변해야 합니다. 세제를 지금보다 조금 쓰고, 물을 아껴 쓰고, 음식을 남기지 않고, 필요하지 않은 소비는 하지 않고, 조금 더 걷는 변화가 필요합니다. 세상은 상호 관련을 맺고 있기에 나의 작은 출발이 멸종위기의 동물을 보호할 수 있습니다.

이 장에서는 '지구, 환경, 동물원' 의 한자를 살펴보면서 어떻게 환경을 보호하여 후세들에게 전달할 수 있을지를 생각해 보겠습니다.

한자로 생각하기

지구(地球)

지구의 한자 의미는 흙으로 된 둥그런 형상이란 뜻입니다. 태양에서 세 번째로 가까운 행성으로, 인류가 사는 곳을 말합니다.

환경(環境)

환環은 둘러싸고 있는 것을 나타내고 경境은 우리가 살아가는 영역을 나타냅니다. 그래서 생활하는 주위의 상태나 영향을 주는 자연 조건을 말합니다.

동물원(動物園)

소는 움직이는 동물 중에서 가장 소중한 것으로 고대 중국인들은 생각했습니다. 이런 이유 때문에 소를 뜻하는 물物을 사용해서 동물의 전체를 나타내게 되었습니다. 이런 동물을 일정한 시설에 가두어 두고 관람할 수 있게 해 놓은 곳을 '동물원' 이라 합니다.

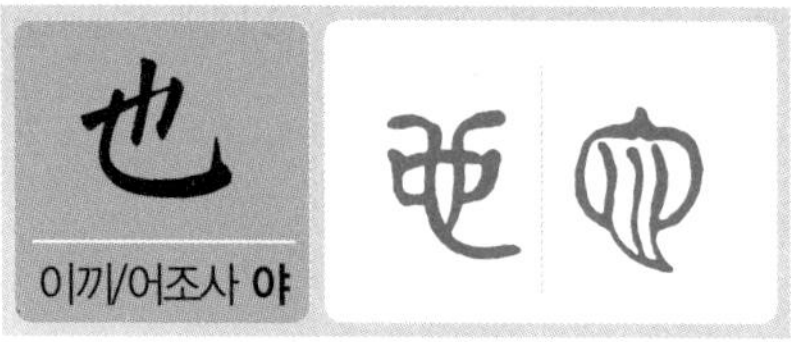

야(也)는 여러 가지 설이 있는 글자입니다. 뱀을 그렸다고 설명하는 이도 있는데, 한자를 풀이한 설문해자라는 책을 근거로 하면 여자의 성기를 그린 것으로 풀이합니다. 그러나 여자의 성기라는 내용은 쓰이지 않고, 단정을 나타내는 종결사로 '~이다' 라고 사용합니다. 지池는 모든 물氵이 시작되는 연못, 즉 어머니를 뜻하는 야也와 물氵이 결합한 글자입니다.

지(地)는 토土와 야也의 결합으로 '땅'을 나타냅니다. 땅은 살아있는 모든 것을 자라나게 한다는 의미를 가지고 있습니다. 땅의 의미와 어머니를 동일하게 생각하여 어머니를 뜻하는 야也를 더했습니다.

구(求)는 털옷 모양을 본떠서 '구하다'는 의미를 나타냅니다. 지금도 사람들은 털옷의 높은 가격에도 불구하고 한 벌쯤 가지고 싶어 하는데, 과거에도 마찬가지였습니다. 여기서 '구하다·바라다'의 뜻으로 바꾸었고, 다시 옷 의衣를 더해서 새로 구裘자를 만들어 털옷을 나타냈습니다.

또한 털옷을 하나 가지고 싶으면 짐승을 쫓아가야 한다는 의미로 쫓을 추追자를 결합시켰습니다. 그래서 추구追求라는 단어가 나온 것입니다.

구(球)는 구슬 옥玉과 구求의 결합으로 만들어진 글자이며, 둥근 '공'을 나타냅니다. 구슬玉은 의미를 담당하고, 구求는 발음을 나타냅니다. 우리가 운동 할 때 사용하는 각종 공들도 이 글자를 사용합니다. 현대 중국에서는 축구를 족구足球로, 테니스는 망구网球로, 배드민턴은 우모구羽毛球로 표현합니다. 발 족足과 그물 망网과 깃털 우羽는 앞에서 우리가 공부했던 글자입니다.

경(睘)은 눈 목目과 원袁의 결합으로 '놀라서 보다' 라는 뜻을 나타냅니다.

원袁은 옷 의衣자 안에 네모를 그렸습니다. 이것은 옷에 둥근 옥을 매달아 장식한 것으로 '둥글다 · 늘어져 긴 옷' 을 말합니다. 그래서 경睘은 '둥그렇게 눈을 뜨고 보는 모양' 을 나타낸 것에서 '놀라다' 는 의미가 되었습니다.

환(環)은 옥玉과 둥그렇게 눈을 뜨고 보는 경睘의 결합으로 '둘레' 를 나타냅니다. 둥그렇게 뜬 두 눈에서 옥으로 된 고리를 나타냈으나, 이런 고리를 손목에 착용했기 때문에 '주위' 라는 의미가 나왔습니다. 지환指環은 손가락 주위를 둘러싸고 있다는 의미에서 반지를 뜻하게 된 것입니다.

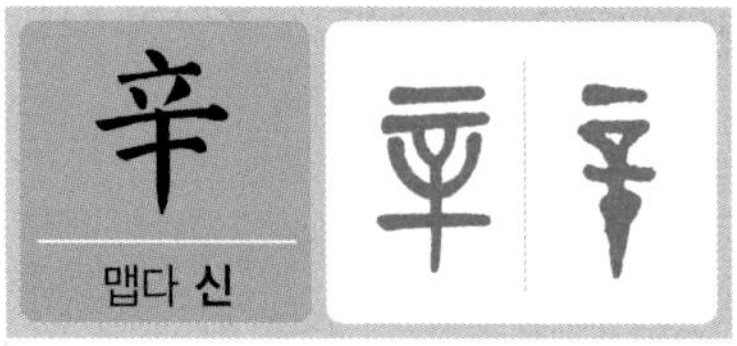

신(辛)은 형벌을 시행할 때 쓰는 도구를 그린 것으로 '맵다' 를 나타냅니다. 사진처럼 얼굴에다 죄명을 문신하는데 사용한 칼을 그린 것에서 '형벌 · 죄 · 고통' 의 뜻이 되었습니다. 이런 형벌을 묵형이라고 합니다. 묵형은 매우 혹독한 형벌로 한번 시행하면 다시는 고개를 들고 살 수가 없어서 '맵다 · 사납다' 로 의미가 확장되었습니다.

변辯은 두 죄인이 자신에 대해 무죄를 주장하고, 논쟁하는 모양에서 '변호하다' 는 뜻이 생긴 것이며, 요즘은 자신의 죄를 대신 다투어주기 때문에 변호사辯護士

에 쓰입니다. 변辨은 두 죄인을 두고 칼로 베듯이 잘잘못을 분별해낸다는 의미로 칼 도刂를 결합시켜서 '분별하다'는 뜻을 나타내며, 분간해 내는 능력을 변별辨別力이라고 합니다.

묵형을 당한 노예

첩妾은 신辛과 계집 녀女의 결합으로 두 번째 부인을 뜻합니다. 원래는 얼굴에 묵형을 당한 여자, 즉 노예를 지칭하는 글자였으나 후에 처妻에 대한 낮은 신분을 뜻하기 위해서 첩이라는 의미로 사용 하였습니다.

재宰는 집 면宀과 결합해서 집에 형벌을 내릴 수 있는 벼슬아치를 뜻한 것에서 '재상'을 나타내게 되었습니다.

경(竟)의 갑골문을 보십시오. 위쪽에 얼굴을 문신할 때 쓰는 형벌 기구인 신辛과 무릎 꿇은 사람모양의 결합으로 '다하다'를 뜻하는 글자입니다. 문신을 새기는 형벌이 완료되어서 '끝나다'는 의미가 나온 것이며, 돌이킬 수도 없는 형벌이기 때문에 모든 것이 '끝났다'는 의미가 나온 것입니다. 그래서 '마침내 · 결국'이라는 뜻을 가지게 되었습니다.

경(境)은 흙 토土와 다하다 경竟자가 결합해서 '경계선'이라는 의미를 나타냅니다. 본래의 의미는 자기영역이 끝나는 곳을 나타내서

'지역 · 위치' 의 뜻이었으나, 경계선이라는 의미로 확장되었습니다. 갈수록 아름다운 지경을 나타내는 점입가경漸入佳境과 경계境界에 쓰입니다.

중(重)은 본래 형벌에 사용하는 칼 신辛과 눈 목目, 그리고 동쪽을 나타내는 동東자가 결합한 글자였습니다. 그러나 지금의 중重자는 모양이 많이 변했기 때문에 예전의 글자를 상상하기가 어렵습니다. 또한 동東은 양쪽에서 자루처럼 묶는 모양을 그려서 '묶는다' 가 원래의 뜻입니다. 전쟁 포로에게 눈을 찌르는 노예 표시를 하고 묶은 채로 심하게 일을 시키는 모양을 나타낸 글자입니다. 여기서 '무겁다' 라는 뜻이 나왔으며, 과중過重은 부담이 지나쳐서 '힘듦, 힘에 버거워함' 을 나타냅니다.
동童은 형벌에 사용하는 칼 신辛과 눈 목目자와 동쪽을 나타내는 동東의 결합으로 만들어진 글자입니다. 이 글자는 중重과 같은 의미로 만들어 졌으며, 나중에는 힘없는 '아이' 를 뜻하는 글자로 바뀌었습니다.

동(動)은 앞에서 설명한 대로 고된 일을 나타내는 중重에 힘 력力을 더해서 더욱 힘들게 일을 시키는 것이 원래의 뜻이었습니다. 이것이 후에 노예는 쉴 수 없다는 데서 '움직이다' 는 뜻으로 전용되었으나 다시 움직임에서 '활동하다' 는 의미가 넓어진 것입니다.

우(牛)는 소의 뿔과 몸통 꼬리를 위쪽에서 보고 그린 글자입니다.

희생양犧牲羊이라는 말에서 희생犧牲을 보면 모두 우牛부수를 사용함을 알 수 있으며, 희犧와 생牲은 모두 살아있는 소를 신에게 희생물로 사용한다는 뜻입니다.

제사를 지낼 때 소를 희생물로 사용한 흔적은 한자에 많이 남아 있습니다. 그러나 소는 너무나 중요한 물건이었기 때문에 희생우犧牲牛를 한다는 게 무척 부담스러워서 나중에 양으로 바꾸었습니다. 그래서 오늘날 희생양犧牲羊이라는 말이 생겨났습니다.

물(勿)은 깃발을 나타내는 글자로, 부족들이 모여 사는 마을에 일이 발생하면 깃발을 흔들었습니다. 색깔이 있는 세 개짜리 깃발을 흔드는 것은 적들의 침입을 알리는 신호였습니다. 원래 물勿의 의미는 색깔을 의미하였으나, 위험 상태에서는 노약자들이 밖으로 나오면 안 된다는 것에서 '~하지 말라' 는 뜻으로 변하였습니다.

물(物)은 소 우牛와 물勿이 결합해서 '물건'을 나타냅니다. 제사에 사용하는 소는 색깔이 중요했습니다. 털의 색깔이 섞인 소는 순수성이 없다고 생각해서 희생물로 사용하지 않았습니다. 그래서 색을 나타내는 물勿과 우牛가 결합하여 '좋은 물건 = 선정된 소' 라는 의미에서 '물건·사물' 이라는 뜻이 확장되었습니다.

물색物色은 제사 지내기 위해 좋은 색깔의 수소를 고른다는 의미에서, 알맞은 물건이나 사람을 고른다는 뜻으로 확대되었습니다. 소가 집안의 가장 소중한 재산이기 때문에 물건物件이라고 했으며 물건이 좋다는 것도 역시 제사용으로 선발된 뛰어난 소를 나타냅니다.

'물망物望에 오르다' 라고 할 때는 어떤 수소가 희생물로 유력한 소인가를 점쳐본다는 것에서 유래했습니다. 또한 물망物望은 희생이 결정되면 여러 사람들이 부러운 눈으로 바라본다는데서 여러 사람이 우러러보는 자리라는 뜻이 생겼습니다.

동산 원

원(園)은 울타리를 나타내는 국자와 옷에 둥그런 옥장신구를 단 모양의 원袁자가 결합해서 '정원' 을 나타냅니다. 다시 말해서 울타리가 쳐진 둥그런 장소를 나타내는 것에서 의미가 나왔습니다. 집안에 울타리를 만들어 나무나 꽃을 심어 놓은 '정원庭園' 에 사용합니다.

논리적으로 생각하며 기초 다지기

가) 아프리카에서는 웃자란 나무를 죽이기 위해서 마을 주민들이 나무를 둘러싸고 "너 때문에 다른 나무들이 못자라잖아. 우리는 네가 미워! 네가 죽었으면 좋겠어. 넌 나빠!" 라고 외친다. 그러면 그 나무는 정말로 말라 죽는다고 한다. 이것으로 보아 나무도 생각을 할 수 있다. (그렇다, 그렇지 않다, 모르겠다)

왜냐하면 ______________________

나) 동물들도 사람들처럼 생각을 한다. (그렇다, 그렇지 않다, 모르겠다)

왜냐하면 ______________________

다) 집에서 기르는 애완동물은 약육강식의 자연세계에 살 때보다 행복하다. (그렇다, 그렇지 않다, 모르겠다)

왜냐하면 ______________________

라) 집에서 기르는 애완견의 꼬리를 자르거나, 짖지 못하도록 성대를 잘라버리는 것을 애완견은 위하는 일이다. (그렇다, 그렇지 않다, 모르겠다)

왜냐하면____

____

____

마) 지구라는 동물원에 외계인들이 인간을 가두어 기른다고 하자. 이럴 경우 인간은 행복할까? (그렇다, 그렇지 않다, 모르겠다)

왜냐하면____

____

____

바) 인간이 동물보다 뛰어난 이유를 3가지 이상 문장으로 답하세요.

1)____

2)____

3)____

사) 인간이 동물보다 오히려 부족한 이유를 3가지 이상 문장으로 답하세요.

1)____

2)____

3)____

_ 주관적인 것이 진리일까?

다음의 이야기를 읽어 봅시다.

내가 자네와 더불어 논쟁을 했다고 치세. 자네가 나를 이기고 내가 자네에게 졌다면, 자네는 과연 옳고 나는 과연 그른가? 또 내가 자네를 이기고 자네가 나에게 졌다면 내가 과연 옳고 자네는 과연 그른가? 부분적으로 옳거나 부분적으로 그른가? 또는 그것이 완전히 옳거나 완전히 그른가? 나나 자네가 서로 이것을 모른다면 남도 판단을 내리기 어려울 것이네. 그러면 우리는 누구를 시켜 그것을 바로잡을 것인가? 자네에게 동조하는 이를 시켜 바로잡으려면 그는 이미 자네와 같은 의견이니 어떻게 바로잡을 수 있겠는가? 나에게 동조하는 자로 하여금 바로잡게 한다면 그는 나와 같은 의견이니 어떻게 바로잡을 수 있겠는가? 나나 자네와 다른 사람더러 바로잡으라면 그는 이미 나나 자네와 의견이 다르니 그도 어떻게 바로잡을 수 있겠는가? 또 나나 자네와 똑같은 자를 시켜 바로잡으려면 그는 이미 나나 자네와 의견이 똑같으니 어떻게 바로잡을 수가 있겠는가? 그러니 나나 자네나 또 제3자가 모두 알 수가 없네. 그러니 또 누구를 기다릴 것인가? 장자莊子의 「제물론齊物論」 중에서

이야기가 어렵지요? 이 이야기는 중국의 장자라는 철학자의 생각입니다. 각자의 생각을 주관이라고 합니다. 각각의 사람들은 모두 다른 주관을 가지고 있습니다. 모든 사람의 주관이 다 옳을 수는 없습니다. 이번 장에서 배울 한자는 '주관' 입니다. 한자에서는 과연 이 '주관' 을 어떻게 말하고 있을까요?

한자로 생각하기

주관(主觀)

주관은 자기만의 견해나 관점을 나타냅니다.

주(主)는 28page 참조.

관(藿)은 입 구口를 두 개 사용해서 황새의 특징을 잘 나타나게 그린 글자입니다. 이것은 울지 못하는 황새가 두 개의 부리로 의사소통하는 것을 나타냅니다.

황새는 소나무 직경이 60센티 이상 되는 거목에 둥지를 틀고 새끼를 칩니다. 그래서 왕王보다 한 등급 높은 황皇자를 붙여 이름을 지어 줄 정도로 신성시했답니다.

환歡은 입을 벌린 모양인 흠欠과 관藿을 결합해서 울지 못하는 황새가 입을 벌리고 서로 기뻐하는 것에서 의미가 나온 것입니다. 입을 벌려서 '어서오세요' 라고 인사하는 것을 환영歡迎이라고 합니다.

관(觀)은 관藿자와 볼 견見이 결합해서 만들어진 글자입니다. 황새는 높은 곳에 둥지를 틀기 때문에 다른 새들과 달리 높은 곳에서 내려다보는 경우가 많았습니다. 높은 곳에서 황제처럼 여유롭게 관찰하거나 구경하는 모양에서 '보다 · 자세히 보다' 는 뜻이 유래하였습니다.

관광觀光은 황새처럼 높은 곳에서 한가한 모습으로 경치를 구경하는 것을 뜻하며, 광光은 '빛' 이라는 뜻으로 많이 쓰이지만 '경치' 라는 뜻도 있습니다. 경치는 빛이 있어야 구경할 수 있는데서 유래했습니다.

경치景致라는 말은 햇빛 경景과 이르다 치致가 합친 단어로, 햇빛으로 인해서 볼 수 있음을 말하는 것입니다. 광경光景 역시 광光과 경景이 빛을 나타내는 글자인데 빛을 비추어봐야 벌어진 일의 형편이나 내용을 알 수 있다는 것입니다.

보통 한자를 서로 결합할 때는 한자의 일부를 생략해서 두 글자가 잘 어울리도록 배치합니다.

특히 위쪽으로 붙을 때는 그림처럼 아래쪽을 생략하는 방법을 사용합니다. 이런 한자들을 익혀 두어야만이 한자의 의미를 연상하는데 많은 도움이 됩니다.

위 모양의 한자는 우牛 · 양羊 · 호虎 · 율聿 · 신辛 · 고高의 생략형입니다.

우牛와 결합하는 글자로는 고하다 고告, 양羊은 옳을 의義, 호虎는 근심하다 려慮, 율聿은 글씨 서書, 신辛은 첩 첩妾, 고高는 털끝 호毫 등이 있습니다. 참고하십시오.

논리적으로 생각하며 기초 다지기

가) 나와 네가 말다툼을 했다면, 누가 옳고 누가 틀린지를 알 수 있다.

(그렇다, 그렇지 않다, 모르겠다)

왜냐하면 ______________________________

____

나) 이 세상에 영원히 변치 않을 진리가 있다. (그렇다, 그렇지 않다, 모르겠다)

왜냐하면 ______________________________

____

다) 누구나 믿고 따를 수 있는 객관적인 진리가 존재한다. (그렇다, 그렇지 않다, 모르겠다)

왜냐하면 ______________________________

____

라) 지구가 태양을 돈다는 것은 영원한 진리이다. (그렇다, 그렇지 않다, 모르겠다)

왜냐하면 ______________________________

____

마) 당신은 같은 강물에 두 번 발을 담글 수 없다는 헤라클레이토스의 말은 옳은 말이다. (그렇다, 그렇지 않다, 모르겠다)

왜냐하면 ______________________________

____

바. 이 세상 모든 것들은 변한다는 말은 맞는 말이다. (그렇다, 그렇지 않다, 모르겠다)

왜냐하면____

사. 내 생각만이 옳은 것인가에 대해서 300자 내외로 논술하시오.

_ 미인의 기준은 무엇일까?

우리가 흔히 '아름답다' 고 생각하는 기준을 살펴보면 외모에 집중되어 있기 마련입니다. 여성은 얼굴이 조막만하고, 가슴도 크고, 키가 크며, 마른 몸매를 가지고 있어야 미인이라는 소리를 들을 수 있습니다. 그러나 미의 기준은 시대와 상황에 따라 다릅니다. 또한 보는 사람의 기준에 따라서 달리 평가할 수도 있습니다.

구석기 시대에 인기 있는 여성들은 축 늘어진 유방과 굵고 지방질이 풍부한 허리의 소유자였습니다. 지금보다 훨씬 추운 날씨에 적응할 수 있는 몸매를 선호했고, 아이를 잘 낳을 수 있는 튼튼한 몸을 미인으로 여겼지요. 이것은 동굴벽화의 수많은 여자그림을 보면 알 수 있습니다.

우리 문화권에서도 몸매가 가는 여성은 아들을 낳지 못한다고 믿었으며, 남녀 모두 뚱뚱한 몸매가 유행했었습니다. 그러나 대중매체의 보급과 각종 미인대회가 활성화되면서 미인의 기준은 한 가지로 평가되었습니다. 이와 같은 행동은 생명 자체의 아름다움과 다양성을 무시하는 것입니다.

아름다움은 누구나 갖고 싶은 것입니다. 하지만 아름다움의 기준은 지극히 주관적인 것입니다. 더군다나 아름다움이란 것은 자신의 선택으로 결정할 수 있는 일도 아닙니다.

따라서 우리는 아름다움의 다름과 차이를 인정해야 합니다. 다름과 차이는 옳고 그름의 문제가 아닙니다. 사람들 각자가 갖고 있는 각자의 아름다움을 서로 인정할 수 있을 때, 아름다운 사람이 많은 세상이 되는 것이지요.

이번 장에서는 미인과 기준이라는 한자를 통해, 아름다움에 대해 생각해보려 합니다.

한자로 생각하기

미(美)

아름다움을 나타냅니다. 건장하게 성장한 사람이 짐승 털 등으로 장식을 한 모습을 표현 한 것입니다.

기준(基準)

기준은 '잘 다져진 평평함' 을 뜻합니다. 집을 지을 때 기초를 다지고 수평을 잡는 것에서 의미가 나온 것입니다. 여기서 기본이 되는 표준을 '기준' 이라 하였습니다.

구별(區別)

구별은 성질이나 종류에 따라 뼈에서 살을 발라내듯이 정확하게 나누어서 구분하는 것을 말합니다.

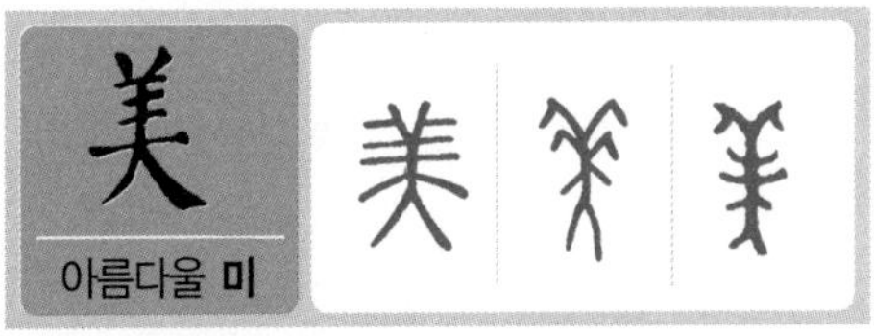

미(美)는 양 양羊과 사람모양인 큰 대大의 결합으로 '아름답다'를 의미합니다.

오늘날에도 사람들은 머리를 꾸미는데 많은 시간과 돈을 투자합니다. 조선시대에도 머리에 가발을 사용해서 꾸몄는데, 정도가 지나쳐서 가산을 탕진하는 경우가 종종 발생해서 영조 때에는 가발을 금지하는 명까지 내렸습니다. 이처럼 사람들은 머리장식이 아름다움을 나타낸다고 생각했습니다.

그림은 중국의 암각화입니다. 가운데 쪽의 있는 사람이 머리에 큰 장식을 하고 즐겁게 춤추고 있습니다. 고대 중국인들은 아름답다는 미美를, 이렇게 머리장식을 하고 있는 젊은 사람이라고 여겼답니다.

머리에 큰 장식을 하고 춤추는 사람 그림

기(其)는 그림처럼 곡식을 까부는 키를 본떠서 만든 글자로 '그' 라는 의미를 나타냅니다. 금문의 모양처럼 원래는 키의 모양만을 그렸는데 후에 오면서 공廾의 형태를 추가하고, 사용이 빈번한 키를 올려놓은 대를 추가해서 현재의 형태가 된 것입니다. 키는 일상생활에 매우 중요한 물건이고 빈번하게 사용하기 때문에 가끔은 옆집에 빌리려 다녔을 것입니다. 그래서 "그것 좀 빌려줘." 하면 키를 말하는 것으로 여겨서 '그' 하는 의미가 생겼습니다. 그래서 다시 키의 재료를 강조한 죽竹을 더하고, 기箕를 만들어서 '키' 라는 의미를 보존했습니다.

기(基)는 키를 나타내는 기其와 흙 토土의 결합으로 '터' 를 나타냅니다.

중국은 황하강 유역에 많은 사람이 살았고, 황토를 이용해서 집을 지었습니다.

황토를 이용해서 짓는 방법으로 판축법을 이용하는 경우가 대부분입니다. 사진처럼 판축법은 양쪽에 판자를 대고, 삼태기에 담은 흙을 절구공이로 다져서 쌓아 올라가는 건설방식입니다.

사진의 위쪽, 오른쪽 사람이 들고 있는 것이 장인 공工자의 원형인 절구공이입니다. 건물을 짓고 있는 과정을 공정工程이라 하는 것도 여기서 유래한 것이지요.

절구공이를 들고 있는 사람

판축법은 우리나라 몽촌토성에 건축에 사용되었으며 아직까지 남아있는 아주 견고한 건축방식입니다. 기基는 흙을 삼태기에 담아서 다지는 '집터' 를 나타냈기 때문에 기其와 토土를 결합시킨 것입니다.

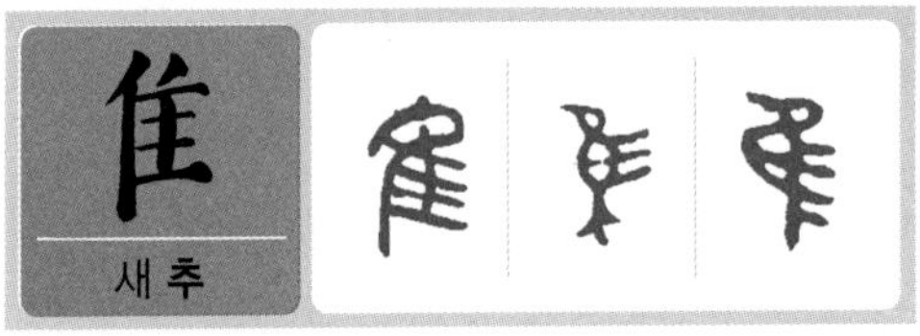

추(隹)는 새의 모양을 본떠서 만든 한자입니다. 처음의 새 조鳥는 긴 꼬리를 가진 새를, 추隹는 짧은 꼬리 새를 나타내어 구분했으나 지금은 구분없이 사용합니다. 진進은 새의 특징을 잘 이용해서 만든 글자입니다. 진進은 추隹와 쉬엄쉬엄 갈 착辶의 결합으로 앞으로 '나아간다' 는 의미입니다. 아무리 뛰어난 새라 할지라도 뒤로 걷지는 못합니다. 추진推進 · 진로進路는 모두 다 앞으로 나간다는 의미입니다. 한자漢字는 많은 관찰과 많은 생각을 통해서 만든 문자임을 알 수 있습니다.

준(隼)은 새가 횃대에 앉은 모양을 본 떠 '새매' 를 나타내는 글자입니다. 횃대는 사진처럼 새가 앉을 수 있도록 가로로 설치한 나무

를 말합니다. 예전에는 매를 길들여서 사냥을 했는데, 사냥하지 않을 때는 횃대에 앉혀 놓았습니다. 여기서 열 십十자 형태를 결합시켜서 횃대와 밑으로 꼬리가 늘어진 모양을 나타내었습니다.

횃대에 앉은 새

준(準)은 새매 준隼에 물 수水를 더해서 '수준기水隼器'를 나타냅니다. 수준기는 평평함을 헤아리는 기구입니다. 새매가 횃대에 평평하게 앉아 있는 모양에 항상 수평을 유지하는 물의 성질을 더해서 '평평하다'는 의미입니다.

법法에도 물 수水가 들어가 수평적인 의미가 더해져 '평등하다'는 뜻이 있습니다. 그러므로 준準이란 글자에도 '법'의 의미가 있습니다.

구(區)는 상자 혜匸와 품品의 결합으로 '나누다'는 의미를 나타냅니다.

여러 개의 덩어리를 상자에 넣어 구분을 한다는 것에서 의미가 나왔으며, 나누면 반드시 경계가 생기기 때문에 '경계'라는 의미가 확장된 것입니다.

우리나라에서는 광역시 이상에서 행정구역의 단위로 사용하고 있습니다.

혜匸는 상자 모양으로 '감추다, 넣다'는 뜻으로 다른 글자와 결합해서 사용하며, 도끼를 휴대한다는 의미로 장인 장匠과 상자를 뜻하는 갑匣에 흔적이 남아 있습니다.

품品은 '작은 덩어리 · 그릇 · 물건'을 나타낼 때 사용합니다. 단독으로 쓰일 때는 제품을 뜻하고, 제품을 보고 평한다고 해서 '품평하다' 는 뜻까지 확장되었습니다.

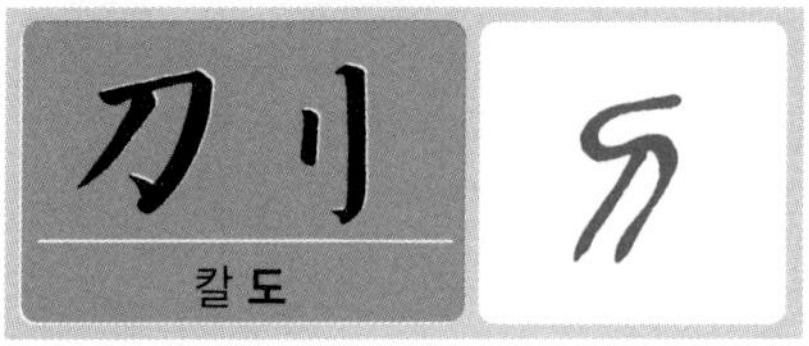

도(刂)는 칼의 모양을 본뜬 것에서 의미가 나왔습니다. 날이 한 쪽만 있는 것을 나타내며, 양쪽으로 날이 있는 것은 검劍으로 구분해서 사용합니다. 대부분 부수로 사용할 때는 도刀의 형태로 사용합니다. 칼 도刀에 점을 찍어서 칼 날 부분을 나타낸 것이 인刃이 있고, 이 인刃에 다시 마음 심心을 더해서 칼날로 심장을 도려낼 만큼 아픔으로 참아낸다는 의미의 인忍을 만들었습니다.

별(別)은 변형된 뼈 골骨자와 칼 도刀의 결합으로 만들어진 한자입니다. 칼로 뼈에서 살을 발라내는 의미를 형상화한 것으로 '나누다 · 헤어지다 · 발라내다' 의 뜻이 있습니다. 예전에 양식이 넉넉하지 못할 때 짐승을 잡으면 뼈에서 살점을 발라내는데 칼을 이용해 한 점도 남기지 않았을 것입니다. 그래서 이별離別은 슬픈 것이기도 하지만 아무것도 남기지 말아야 한다는 의미가 생긴 것입니다.

논리적으로 생각하며 기초 다지기

가) 아름답기 때문에 아름다운 것이다. (그렇다, 그렇지 않다, 모르겠다)

왜냐하면 ______________________________

____

나) 아름답다고 하기 때문에 아름다운 것이다. (그렇다, 그렇지 않다, 모르겠다)

왜냐하면 ______________________________

____

다) 역사적으로 문화에 따라서 미인을 측정하는 기준은 다 달랐다.

(그렇다, 그렇지 않다, 모르겠다)

왜냐하면 ______________________________

____

라) 미인대회는 여성을 상품화하는 대회이다. (그렇다, 그렇지 않다, 모르겠다)

왜냐하면 ______________________________

____

마) 남성과 여성의 평등을 위해서라면 미남대회도 있어야 한다.

(그렇다, 그렇지 않다, 모르겠다)

왜냐하면________________________________

____

바) 미인대회에 대한 자신의 입장을 300자 내외로 논술하시오.

____

____

____

____

____

____

____

____

____

____

____

____

____

____

____

____

3장

정치, 경제 영역에서의 논술

_ 나와 주변 사람들의 생활을 소개해 볼까?

다음 학생의 자기 소개문을 읽어 봅시다.

“제 이름은 이재영입니다. 장래희망은 한의사가 되어 아픈 사람들을 치료해 주는 것입니다. 제 생활신조는 성실입니다. 성실한 사람에겐 그 누구도 당할 수 없다는 것을 제 아버지께 들었고, 저 또한 그것이 진실이라고 믿고 있습니다. 제가 가장 가고 싶어 하는 곳은 미국입니다. 미국에는 이모와 사촌동생이 살고 있고, 세계의 경제를 지배하고 있는 미국의 힘을 알고 싶기 때문이기도 합니다.

제가 여러분에게 권하고 싶은 책은 ‘그리스·로마 신화’ 입니다. 이 책은 재미있는 상상력과 아이디어가 많고 교훈도 찾을 수 있기 때문입니다. 제가 생각하는 최고의 가치는 ‘더불어 사는 삶’ 입니다. 사람은 혼자서 절대로 살 수 없기 때문이지요. 끝으로 제가 가장 좋아하는 사람은 외할머니입니다. 외할머니께서는 맞벌이 하는 부모님을 도와 살림을 하셨고, 저와 동생 남규를 길러주신 분입니다."

이재영 학생의 자기소개문을 살펴보면 자기소개와 함께 주변 사람들을 언급하는 것을 알 수 있습니다. 이렇듯 나와 주변 사람들은 관계를 맺고, 일을 하며 주어진 역할이 있습니다. 지금 밖에 나가서 솔잎을 한번 보십시오. 두 개의 바늘잎을 보면 같은 게 하나도 없습니다. 나뭇잎들은 소나무의 성장과 발육을 돕기 위해서 자신의 역할을 다하고 있습니다.

사람도 마찬가지입니다. 사회의 성장과 발육을 돕기 위해 각각의 역할이 있지요. 현대 사회에서 사람의 역할은 직업과 관련이 많습니다. 그래서 이번 장에서 다룰 한자는 '직업' 과 '경제' 입니다. 이 한자를 통해 나와 주변 사람들의 생활을 생각해봅시다.

한자로 생각하기

직업(職業)

직업은 자신의 생계를 위해 적성과 능력에 따라 계속하여 종사하는 일을 나타냅니다.

경제(經濟)

경제는 경세제민經世濟民에서 유래한 것으로, 경세經世는 비단을 짤 때 날실을 정성스럽게 골라서 베틀에 거는 것처럼 세상을 경영하라는 뜻입니다. 그리고 제민濟民은 모든 백성들이 재물을 공평하게 나누어 가질 수 있도록 하라는 말입니다. 항상 수평을 유지하려는 물의 성질처럼 수평을 유지하여 백성을 구제하라는 뜻을 담고 있습니다.

경제經濟의 뜻을 살펴보면 정부가 못사는 사람들은 보호해야한다는 복지의 개념이 있습니다. 경제經濟라는 말은 일본에서 영어를 번역하는 과정에서 처음 사용한 일본식 한자어입니다.

시(戠)는 소리 음音과 창 과戈가 결합한 글자입니다. 창 모양의 날카로운 필기구로 '글자나 문양을 소리로 기록' 하는 것을 말합니다. 여기에 말씀 언言을 더해 '기록하다 지識' 를 만들었으며, 이런 기록은 앎의 원천이 되었기에 '지식知識' 으로 의미가 확대되어서 '식' 으로 읽습니다.

職

직분 **직**

직(職)은 귀 이耳와 시戠를 결합해서 백성들의 소리를 듣고 기록하는 모양, 즉 관리의 직책을 나타냅니다. 공적으로 맡겨진 일이기 때문에 사심을 버리고 최선을 다해야한다는 의미까지 품고 있어서 직분職分 · 직무職務에 사용하게 된 것입니다.

1. 편종

2. 종을 거는 장식

3. 관 무늬와 편종받침대

業

업 **업**

사진은 편종이라는 악기로 전국시대의 증후을묘曾侯乙墓에서 출토된 것입니다. 아주 정교하고 아름답지요? 편종은 국가의 큰 일이 있을 때 연주했고 제작과 설치과정이 매우 까다로웠습니다.

업業은 아래쪽에 나무 목木이 들어 있어 악기를 거는 나무를 의미합니다. 이런 악기 걸이의 제작과 설치는 전문적인 지식이 있어야 가능한 일입니다. 여기서 '전문적인 일' 이라는 뜻으로 전용된 것입니다. 자기가 중점적으로 하는 일을 바로 업業이라고 하여, 공부를 중점적으로 하면 학업學業, 물건을 파는 일을 중점적으로 하면 상업商業이라고 합니다. 그래서 이런 일을 마치는 것을 졸업卒業이라고 하는 것입니다.

멱(糸)은 부수로 사용하는 한자입니다. 누에고치에서 뽑아낸 한 가락의 실을 나타내며, 여러 개를 엮어서 사용하기 때문에 두 개를 묶어서 실을 뜻하는 사絲를 나타냈습니다. 또한 비단 사絲에서 영어의 '실크' 라는 발음이 우리말의 '실' 이 유래했다고 합니다. 소素는 생生의 생략형과 사糸의 결합으로 '흰색' 을 뜻합니다. 갓 만들어진 실에서 의미가 나온 것이며, 처음을 나타내서 하여 '본래' 라는 뜻으로 확장된 것입니다.

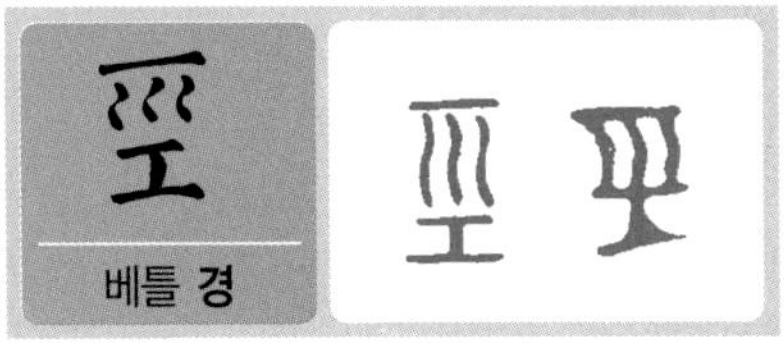

경(巠)은 베틀 모양을 보고 그린 글자입니다. 베틀의 초기 형태로 씨실을 넣지 않고 날실이 길게 늘어진 모양을 형상화했습니다. 날줄을 걸지 않는 상태의 베틀은 임壬으로 나타냅니다.

경巠은 날줄의 형태를 그린 것이므로 이 글자와 결합되면 직선의 뜻을 나타냅니다. 지름길 경徑, 줄기 경莖에서 근거를 찾아 볼 수 있습니다.

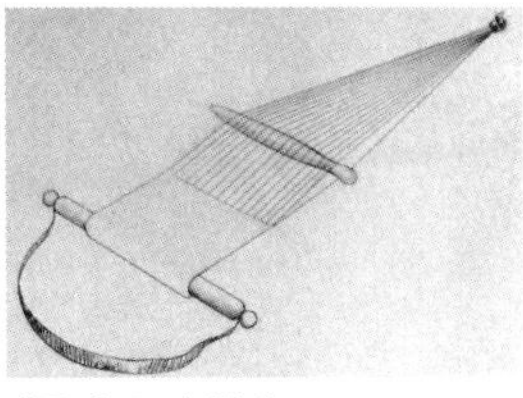
베틀의 초기 형태

경(經)은 경巠과 실糸의 결합으로 베틀의 '날실'을 나타냅니다. 베를 짤 때 명주실을 가지런히 골라 모으는 작업을 날실 고르기라고 하는데 이 준비과정에서 '잘 놓다 · 직선 길 · 다스리다'는 뜻으로 확장되었습니다.

경도經度는 우리가 사는 곳을 세로로 나누어서 좌표로 나타낸 것입니다. 베틀의 날실 모양과 같기 때문에 '경도經度'로 표현한 것입니다. 경도經度는 '세로 · 상하 · 날실'을 말합니다. 이에 비해 위도緯度는 '가로 · 동서좌우 · 씨실'을 말합니다.

또한 우리가 사는 세상을 날실 세우듯이 위에서부터 아래로 순서에 맞게 세우는 책을 나타낼 때 경經을 씁니다. 성경聖經 · 불경佛經 · 사서삼경四書三經에서 찾아 볼 수 있습니다.

경영經營은 비단을 짤 때 기초 작업의 중요성을 의미합니다. 날실을 한 올 한 올 잘 골라 베틀에 걸어야만 좋은 비단을 만들 수 있었습니다. 그래서 경영經營은 계획을 잘 세워 기초를 튼튼하게 하고 일을 해 나간다는 의미입니다. 이로부터 기업이나 사업을 관리하고 운영한다는 뜻으로 확장되었습니다.

제(濟)는 물 수氵와 가지런하다 제齊가 결합한 글자입니다. 물은 고요하게 하여 수면을 고르게 한다는 의미를 가지고 있지요. 이런 상태가 되어야만 물에 빠지지 않고 안전하게 건널 수 있습니다. 여기에서 '건너다 · 건네주다 · 건지다'의 뜻으로 확장되었습니다. 날실을 가지런히 고르고 정성스럽게 놓는 것처럼, 인간에게 필요한 재물을 고르게 분배한다는 뜻이 담겨있습니다.

돌발퀴즈

다음 한자를 상상해보세요.

(1) 위에서 배운 사(糸)를 참고로 해서 다음 한자를 음과 뜻을 생각해 보세요.

紛__________

紋__________

힌트1: 分은 나누다 분

힌트2: 분(紛)은 나눌 분(分)과 결합해서, 실이 여기저기 나누어져 있다는 뜻으로 어지럽다 · 섞이다 · 어지러워진 모양을 나타내며, 주장이 엉켜서 어지러움을 뜻하는 분규(紛糾)를 나타낼 때 사용합니다.

문(紋)은 문신에서 유래한 문(文)과 비단의 결합으로 무늬를 나타냅니다. 문신 새기듯이 천을 짤 때 새겨 넣는데서 의미가 유래했습니다.

논리적으로 생각하며 기초 다지기

가) 일하지 않고는 먹지도 말라는 말에 나는 동의한다.

(그렇다, 그렇지 않다, 모르겠다)

왜냐하면 ______________________________

____

나) 내가 공부하는 이유는 ______________________________ 이다.

왜냐하면______________________________

____

다) 우리 아버지가 ______________ 에서 일하는 이유는______________________ 이다.

왜냐하면 ______________________________

____

라) 나는 우리 아버지의 직업을 ______________________________생각한다.

왜냐하면 ______________________________

____

마) 우리 어머니가 ____________ 에서 일하는 이유는 ________________ 이다.

왜냐하면 ____

____

바) 나는 우리 어머니의 직업을 ____________________________ 생각한다.

왜냐하면 ____

____

사) '사람들이 공부하고 일하는 이유가 보다 더 잘 살기 위한 것이다' 에 대해서 300자 내외로 논술하시오.

____

____

____

____

____

____

____

____

____

_ 노동은 도덕적인 가치를 지니고 있을까?

노동(勞動, labor)이란 무엇일까요?

노동은 사람이 생활에 필요한 물자(物資)를 얻거나 삶의 가치를 실현하기 위해서 하는 정신적, 육체적인 활동을 말합니다. 우리는 노동을 육체의 힘으로만 일하는 것으로 종종 오해합니다. 그러나 노동은 자연 상태의 물질을 인간 생활에 필요한 것으로 변화시키는 모든 활동인 것입니다.

우리는 육체적 노동자를 '블루칼라(Blue colour)' 라고 합니다. 이것은 출근할 때 입었던 흰색 와이셔츠가 퇴근할 때는 푸른색으로 변하는 현장 노동자를 말하는 것입니다. 그리고 정신적 노동자를 화이트칼라(White colour)라고 하는데, 이것은 출근할 때의 흰색 와이셔츠가 퇴근할 때도 흰색을 유지하는 사무 노동자를 지칭합니다. 그러나 노동의 정의에서 보았듯이 인간의 노동은 육체적 노동과 정신적 노동을 구분하지 않습니다. 이 세상에서 노동자가 아닌 사람은 한 명도 없으며, 또한 인간은 노동하지 않고는 살아 갈 수 없습니다.

한자에서는 '노동' 과 '구분' 을 어떻게 다루고 있는지 살펴봅시다.

한자로 생각하기

노동(勞動)

노勞는 일상적으로 일하는 것이고, 동動은 잡아온 노예가 힘써서 일하는 모양에서 움직이다는 뜻이 나온 것입니다. 이 두 글자의 결합인 노동은 자신의 일과 남의 일을 포함해서 움직여 일하는 모든 행위를 말합니다.

구분(區分)

구분은 같은 물건을 일정한 기준에 따라 나누는 것을 나타냅니다.

력(力)은 날이 하나인 쟁기 모양을 본뜬 글자로 쟁기질이라는 힘든 일에서 '힘' 이라는 뜻이 파생된 것입니다. 종 모양을 나타내는 용甬과 결합하여 종처럼 무거운 것도 들 수 있다는데서 '용감하다 · 과감하다' 는 용勇을 만들었습니다.

쟁기질을 하고 있는 사람

노(勞)는 불 화火와 쟁기모양을 그린 력力자의 결합으로 밤에도 불을 밝히고 열심히 쟁기질하는 모양을 그려서 '일하다 · 힘쓰다' 는 의미가 되었으며, 다시 힘쓰다에서 '수고하다 · 노곤하다 · 괴롭다' 는 뜻으로 넓어졌습니다.

노努는 앞에서 설명한 잡아온 여인, 즉 노비 노奴에 힘 력力을 더해서 노비가 일하는 것을 뜻합니다. 노勞는 일반 사람이 주어진 일을 하는 것을 나타낸데 반해서, 노努는 주인을 위해서 강제적으로 일하는 형태를 나타낸 것입니다. 우리가 공부하는 것은 예전에 노예들이 일하듯이 공부를 해야 한데서 노력努力이라는 한자를 사용합니다. 이제는 노력努力과 노력勞力을 혼동하지 마세요.

동(動) 175page 참조

구(區) 189page 참조

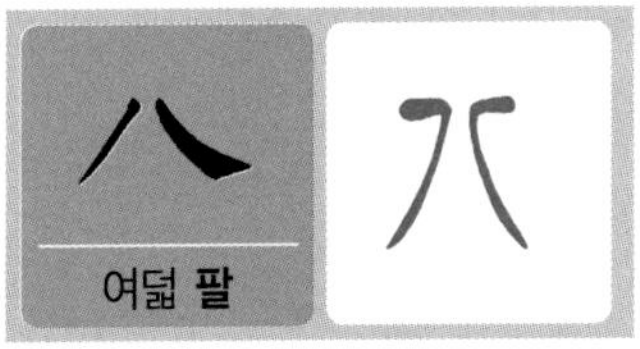

팔(八)은 두 사람이 등지고 서로 헤어지는 모양을 본뜬 글자로 '여덟' 을 나타냅니다.
원래는 두 사람이 헤어지는 것에서 '나누다 · 등지다' 는 뜻이었습니다. 그러나 팔을 나타는 글자가 없어서 빌려 쓴 것입니다. 다른 글자와 결합할 때는 본래의 뜻인 '헤어지다, 등지다, 나누다' 의 의미로 쓰는 것을 꼭 기억하십시오.
반半은 팔八과 소 우牛의 결합으로 소를 똑같이 나누어 갖는데서 절반折半이라는 말이 나왔습니다. 공公은 사사로울 사厶와 결합해서 사사로움을 등지고 떨쳐서 '공평하다' 를 나타내었습니다.

분(分)은 팔八이 '나누다' 에서 '여덟' 이라는 뜻으로 바뀌었기 때문에 칼 도刀를 더해서 '나누다' 는 의미를 보존한 것입니다. 나눌 분分에

돈을 뜻하는 패貝를 더해서 돈이 흩어져 버림을 나타내는 빈貧을 만들었습니다. 그래서 빈貧은 '가난하다 · 곤궁하다' 를 나타냅니다.

논리적으로 생각하며 기초 다지기

가) 일하는 것에는 좋은 일과 나쁜 일이 있다. (그렇다, 그렇지 않다, 모르겠다)

왜냐하면 ____

____

나) 자기 일에 열심인 사람은 아름답다. (그렇다, 그렇지 않다, 모르겠다)

왜냐하면 ____

____

다) '열심히 일한 그대 떠나라!' 라는 광고 문구는 설득력이 있다.

(그렇다, 그렇지 않다, 모르겠다)

왜냐하면 ____

____

라) 육체적 노동보다는 정신적 노동이 더 가치가 있고, 현장노무직 보다는 사무관리직이 더 좋은 직업이다. (그렇다, 그렇지 않다, 모르겠다)

왜냐하면 ____

____

마) 여자가 할 수 있는 일이 있고, 남자가 할 수 있는 일이 있다.

(그렇다, 그렇지 않다, 모르겠다)

왜냐하면______________________________

____

바) 직업에는 귀천이 있다. (그렇다, 그렇지 않다, 모르겠다)

왜냐하면 ______________________________

____

사) 노동은 도덕적 가치를 지니는지에 대해서 300자 내외로 논술하시오.

____

____

____

____

____

____

____

____

____

____

____

____

_ 악법도 법일까?

아테네의 민주정치는 세상에서 가장 지혜롭다는 소크라테스에게 사형선고를 내렸습니다. 소크라테스의 제자 플라톤은 자신의 스승인 소크라테스를 죽인 아테네의 민주정치를 혐오했지요.

당시 소크라테스의 판결을 위해 나온 500명의 배심원들 대다수는 아테네의 권력을 쥐고 있는 자들의 사주를 받은 사람들이었습니다. 이익에 눈이 먼 배심원들은 소크라테스에게 사형을 선고하였습니다. 결국 소크라테스는 독배를 마시고 죽었지요.

잘못이 없었음에도 재판부의 판결을 따르고 독배를 마신 소크라테스. 소크라테스는 민주주의를 끝까지 존중했던 사람이었습니다.

소크라테스의 죽음으로 미루어 볼 때, 민주주의는 좋은 정치 제도라고 할 수 있을까요?

이번 장에서는 '판결' 을 한자로 살펴보고, 민주주의에 대해 생각해봅시다.

한자로 생각하기

판결(判決)

판결은 옳고 그름을 판단해서 잘잘못을 결정하는 것을 말합니다.

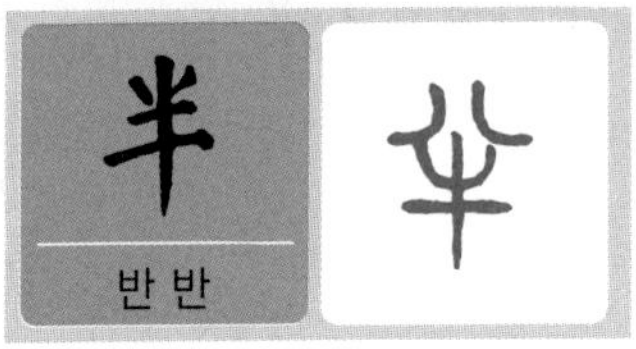

반(半)은 소 우牛와 나누다 팔八의 결합으로 '절반' 을 나타냅니다. 고대 중국의 제사에는 반드시 살아있는 소를 잡아서 피를 사용했기 때문에 나누다는 의미가 본래의 뜻이었습니다. 나누다는 것에서 '절반' 이라는 의미로 전용된 것입니다. 절반이 넘는 것을 과반過半이라고 합니다. 제사에 희생으로 사용할 소는 가장 아름다운 털을 가진 소를 사용하기 때문에 '절정, 한창' 이라는 의미로 확장되었습니다.

판(判)은 절반을 나타내는 반半과 칼 도刀의 결합으로 '판가름하다' 는 의미를 나타냅니다. 반으로 나눈다는 의미와 정확성이 더해져서 '구별하다' 는 의미로 확장되었습니다.

쾌(夬)는 화살 시矢와 유사한 모양을 하고 있고 뜻도 화살과 연관이 있습니다. 이 글자는 쏘아진 화살을 형상화한 것입니다. 화살이 날아가는 것을 보고 '터지다' 는 뜻이 나왔습니다. 또한 화살이 날아가는 듯한 느낌에서 '빠르다' 를 나타내는 쾌快에서 흔적을 볼 수 있습니다.

결(決)은 물 수水와 쾌夬의 결합으로 만들어진 한자입니다. 화살이 날아가는 것처럼 물이 쏟아져 나온다고 해서 물꼬를 '터트리다'의 뜻입니다. 농사를 지을 때 물을 공급하는 것은 매우 중요한 일입니다. 물에 관한 사항은 오랜 경험이 있는 사람이 결정한데서 '결정決定하다'는 의미가 되었습니다.

길잡이

한자는 모양이 변화·발전하면서 전혀 다른 의미를 가진 한자와 모양이 같아지는 경우가 종종 있습니다. 그러므로 한자공부를 할 때는 반드시 갑골문의 형태를 보고, 그 한자의 본래 뜻을 상상하며 익혀야 쉽게 암기할 수 있습니다.

불 화(火)가 다른 글자와 결합하는 경우에 화(灬)의 형태로 변하는데, 어떤 경우에는 발의 모양을 나타낼 때도 사용하는 경우가 있습니다. 예를 들어서 곰을 나타내는 웅(熊), 말을 나타내는 마(馬), 손과 코끼리의 결합으로 일하다는 뜻의 위(爲)자에서 그 흔적을 찾을 수 있습니다. 이런 흔적은 다른 글자에서도 많이 찾을 수 있습니다. 거듭 말하지만 한자는 그 글자의 원래의 모형을 상상해서 암기해야 합니다.

논리적으로 생각하며 기초 다지기

가) 다수의 의견이 진리인가? (그렇다, 그렇지 않다, 모르겠다)

왜냐하면 ____

____

나) 다수의 결정에 따라서 소수의 희생은 불가피한가?

(그렇다, 그렇지 않다, 모르겠다)

왜냐하면 ____

____

다) 나는 학급회의에서 다수결로 결정한 일은 무조건 지켜야 한다고 본다.

(그렇다, 그렇지 않다, 모르겠다)

왜냐하면 ____

____

_ 더불어 잘 살아야만 하는 이유는 무엇일까?

다음의 짧은 이야기 한 편을 읽어 봅시다.

> 공자의 제자 중에 자공이란 사람은 장사 수완이 뛰어나서 공자와 그 제자들을 먹여 살렸던 자금줄이었습니다. 이런 자공이 "살기 좋은 세상, 잘 사는 나라를 만들려면 어떻게 해야 합니까?" 라고 공자에게 물었습니다. 공자는 "백성들이 먹는데 애로가 없게 하고 군비를 튼튼히 해서 외적의 침입에서 시달리지 않도록 해야 하며, 백성이 다스리는 사람은 물론 서로를 믿는 사회를 만들어야 한다." 라고 대답했습니다.
>
> 다시 자공이 "그 세 가지에서 어쩔 수 없이 하나를 빼낸다면 어느 것이 되어야 합니까?" 라고 물었습니다. 공자는 단호하게 "그야 군비지!" 라고 대답했습니다. 자공이 다시 "그럼, 남은 두 가지에서 하나를 빼낸다면 어느 것이 되어야 합니까?" 라고 물었습니다. 공자는 "먹는 민생이다. 예부터 시대를 불문하고 백성이 먹는 문제로 죽는 일은 피할 수 없었다. 그러나 믿음이 없이는 국가는 물론 누구든지 서 있을 수存立 조차도 없다." 라고 대답했습니다.

공자에게 있어서 잘 사는 나라 살기 좋은 세상은 그 무엇보다도 믿음이 있는 사회였습니다. 믿음이 있으면 그 무슨 일이라도 시작할 수 있고, 마무리를 잘 할 수 있기 때문입니다. 물론 생계를 위한 최소한의 민생을 해결해야 하고 보장되어야 하겠지요.

이번 장에서는 행복이란 한자를 기준으로, 먹고 사는 것과 사람답게 사는 것에 대해서 생각해 보도록 하겠습니다.

한자로 생각하기

행복(幸福)

행복은 생활에서 만족과 기쁨을 느끼는 흐뭇한 상태를 나타내는 말입니다. 한자의 어원도 '범인을 잡아서 묶어놓은 상태', '신에게 좋은 술을 올려서 제사를 지낸 상태' 를 나타낸 것입니다.

식량(食糧)

살아가기 위하여 필요한 사람의 양식을 나타내며, '양糧' 에는 공평하게 나누어야 한다는 의미가 내포 되어있습니다. 따라서 더불어 살아가기 위해서는 양식을 공평하게 나누어야 한다는 의미가 있습니다.

행(幸)은 얼굴에 묵형을 뜨는 형벌 도구인 신辛과 매우 흡사해서 혼동하기 쉽습니다. 실제로도 행幸과 신辛은 관련이 깊은 글자입니다.

행幸은 본래 형벌 도구인 '팔에 채우는 수갑의 형태' 를 그린 것입니다. 원래의 뜻은 수갑을 뜻하였으나, 죄를 짓고 도망가는 죄인을 체포해서 사건이 해결되어 '다행' 이라는 의미로 전용되었습니다. 범인이 잡히길 '바라고' 또한 잡혀서 '행복하다' 는 의미로 확장된 것입니다.

팔에 채우는 수갑

환丸은 사람이 무릎을 꿇고 앉아있는 모양을 옆에서 보고 그린 글자입니다.

집執은 범인을 꿇어 앉아 놓고 수갑을 채운 것을 그린

것입니다. 여기서 '잡다' 는 뜻과 잡아놓은 범인을 '지키다' 는 뜻이 생겼습니다. 집행執行은 법률이나 재판처분을 시행하는 일이고, 정상을 참작하여 일정기간 형을 정지해주는 것을 집행유예執行猶豫, 법을 집행하는 사람을 집행관執行官이라고 합니다. 이처럼 법과 연관된 단어에 집執을 많이 사용하는 것에서 행幸의 근거를 찾을 수 있습니다.

또한 집執은 알리다 보報, 엿보다 역睪과 관련이 있으며, 나무를 심고 기르는 모양을 그린 예藝에서도 그 흔적을 찾아 볼 수 있습니다. 고대인들에게 나무나 곡식을 잘 기르는 것은 예술에 속한 일이었습니다. 그래서 정원에 나무 등을 잘 가꾸는 것을 원예園藝라고 했습니다.

복(福)은 신과 관련된 시示와 제사에 사용하는 술병을 본뜬 글자를 합친 것입니다. 복福은 정성을 다한 제사를 받은 신神이 인간에게 뜻을 보여주는 것을 나타냅니다. 신의 뜻을 받는다는 것에서 '신의 계시', '신의 뜻' 이 되었고, 여기서 '복' 이라는 의미가 나왔습니다.

술병모양을 나타내는 글자로 대표적인 것은 유酉자입니다. 술병은 땅에 꼽아 사용하기 편하게 끝을 뾰족하게 만들었습니다. 옆의 사진은 황하유역에 살던 중국인들이 사용한 술병입니다.

오른쪽 그림을 보세요. 신에게 제사를 지내는 사람이 춤을 추고 있습니다. 제사에 쓰는 도구는 일상의 모형과 다르다고 앞에서 설명을 했습니다. 그림에서의 술병은 밑쪽이 넓적하여 안정적입니다. 또한 위쪽을 넓게 하여 하늘을 향해서 퍼지는 모양을 나타내면서 제사용 술병을 표현했습니다. 위쪽을 넓게 한 것은 술의 향기가 빨리 신에게 닿을 수 있게 하려는 것입니다. 부유할 부富에는 제사용 술병에 술을 가득 채워서 집안에 보관하는 의미가 들어 있습니다.

신에게 제사를 지내는 사람

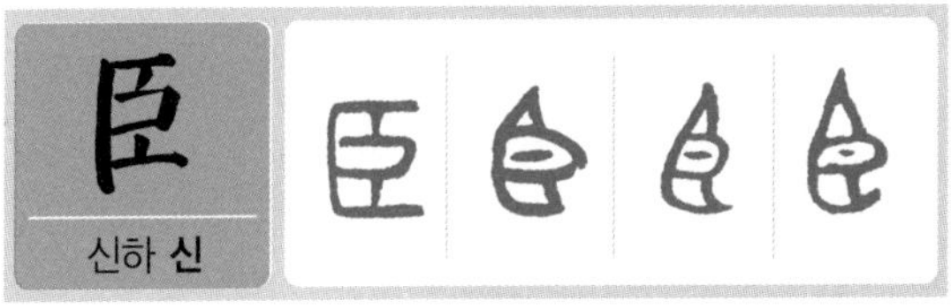

신(臣)은 전쟁에서 포로로 잡은 사람을 묶어 놓은 모양이라는 설과 전쟁 포로의 눈을 제거한 모양을 본뜬 것이라는 설이 있습니다. 노예를 뜻하는 것이 원래의 의미였으나, 임금 앞에서 자신을 노예로 자주 표현하다가 '신하'로 바뀌었습니다.

그러나 다른 자와 결합할 때는 원래의 신臣의 의미를 알아두어야 합니다. 노예는 묶어 놓고 잘 감시監視해야 하기 때문에 '감시하다 · 보다'의 뜻이 내포되어 있습니다.

감(監)은 그릇皿에 물을 떠 놓고, 고개를 숙이고 있는 것에서 '살피다'는 뜻입니다. 고대 중국에서는 사진과 같은 그릇에 물을 떠 놓고 거울로 사용했습니다. 거울을 보고 자신의 모습이 바르지 않은가를 살핀데서 '보다 · 살피다 · 겸하다'는 뜻으로 바뀌었습니다. 감시監視라 표현한 것은 노예가 도망가지 않나하는 마음으로 살피라는 의미이고, 감독관監督官도 혹독하게 노예를 살피듯 철저히 본다는 의미입니다. 청동거울이 제작되면서 금金을 더해서, 새로 만들어진 감鑑은 거울을 보고 잘못된 것을 바로 잡았다는 의미에서 '본보기'라는 뜻으로 확장되었습니다. 그래서 본보기가 되는 책인 『명심보감明心寶鑑』에 사용되었고, 역사는 현재를 비추는 거울이라는 뜻으로 역사책인 『자치통감資治通鑑』의 이름에 사용되었습니다. 또한 모든 사람들의 보고 즐기는데서 감상鑑賞하다는 뜻으로 사용합니다. 고대 사람들에게 거북이의 배 껍질을 이용해서 점친 내용은 중요한 본보기가 되었기 때문에 귀감龜鑑이라는 뜻이 생겼습니다.

거울로 사용되던 그릇

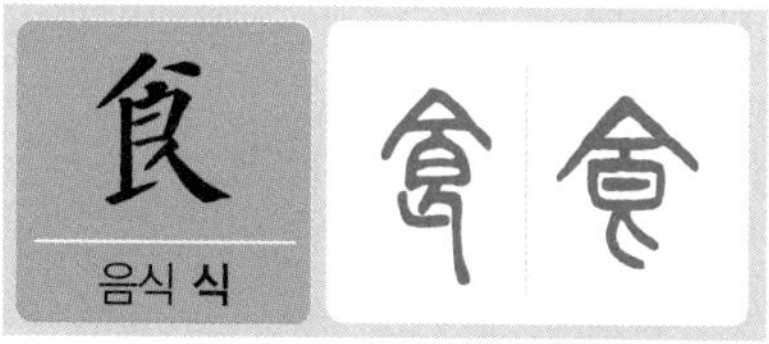

식(食)은 사진처럼 뚜껑과 다리가 달린 밥그릇을 본떠서 만든 글자로 밥을 나타냅니다. 뚜껑을 열어 놓은 밥은 흡皀으로 나타내지요. 뚜껑이 달린 밥그릇은 나이가 많으신 어른이나 벼슬을 지낸 사람들이 사용했습니다. 밥그릇에 발과 손잡이를 달고, 제사 지낼 때 사용하는 그릇처럼 받들어 올린다는 의미입니다. 주의할 점은 '사육하다·먹이다'라는 의미를 나타낼 때는 '사'로 읽어야 합니다. 식마食馬라 읽으면, 말을 잡아먹는 뜻을 나타내므로 '사마'로 읽어야 '말을 사육하다'는 뜻이 됩니다.

어른께 드리던 밥그릇

량(量)은 가로 왈曰자 형태와 변형된 동東의 결합으로 만들어진 한자입니다. 동東은 '동여매다' 의 뜻으로 양쪽에서 자루를 묶어놓은 모양을 나타내며, 묶다 속束자에서도 유사점을 찾을 수 있습니다.

위쪽의 가로 왈曰자 형태는 분량을 재는 기구를 형상화한 것으로 여기서 '헤아리다' 라는 뜻이 나왔습니다. 헤아려 보면 분량을 알 수 있기 때문에 '양' 이라는 뜻까지 확장된 것입니다.

량(糧)은 헤아릴 량量과 쌀 미米의 결합으로 '양식' 을 나타냅니다.

적당한 양의 쌀을 가지고 여행을 떠나는 모양을 연상하면 의미가 쉽게 기억될 것입니다.

전쟁 중에 병사들에게 일정하게 양식을 나누어 주는 것을 가르켜 군량미軍糧米라는 단어에 사용하였습니다.

_ 국가의 평화는 어떻게 지킬까?

오늘날의 국가는 고립해서 존재할 수 없습니다.

개인이 사회에 존속해서 살아가는 것처럼 국가도 국제사회라는 커다란 사회 속에서 존재합니다.

그래서 국가도 사회 속에서 존재하기 때문에 국가와 국가 간에도 경쟁이 있고, 마찰과 갈등이 있습니다. 국가 간의 크고 작은 문제는 어떻게 해결할까요?

국가 간의 마찰과 갈등을 해결하는 방법에는 두 가지 대립된 견해가 있습니다.

하나는 국제 관계의 목적과 수단의 고려에서 도덕적 윤리적 규범을 통한 해결이 가능하다고 보는 도덕적 이상주의입니다. 다른 하나는 자국의 이익추구가 윤리적으로 정당화 할 수 있다는 현실주의입니다.

이상주의자들은 핵무기의 발달로 인류의 전멸이 가능한 상황에서 국가 간의 상호 신뢰와 협력이 중요하다고 주장합니다. 현실주의자들은 이익추구를 위한 국가간의 긴장과 갈등이 국제관계를 이끄는 힘이라고 주장합니다. 분명한 것은 이 두 가지 입장이 끊임없이 대립하면서 결국 '평화' 를 만들어내야 한다는 것입니다. 씨실과 날실처럼 이뤄진 평화가 가장 중요한 것이지요.

이번 장에서는 국가 간의 평화에 대해 짚어보도록 합시다.

한자로 생각하기

평화(平和)

평화는 평온하고 화목함을 나타내는데, 한자의 결합도 공평하게 쌀禾을 나누어 먹는口 모양과 우연하게도 일치합니다.

평(平)은 오른쪽 그림의 천평칭天平秤이라는 저울을 본떠 그렸기 때문에 '평평하다'는 의미가 생겼습니다. 그림과 글자를 연결해서 상상해 보십시오. 닮지 않았습니까?

천평칭을 들고 있는 사람들

화(和)는 초기 금문에서는 입으로 피리를 부는 모양을 그려서 악기의 조화로움을 강조한 글자입니다. 그러나 후대에 오면서 벼화禾와 입 구口의 결합으로 변해서 '화합하다'는 뜻이 되었습니다. 물론 현재의 한자처럼 쌀밥이 입에 잘 맞는 의미로 기억해도 편할 듯 합니다.

혹(或)은 창 과戈와 구역을 나타내는 구口의 결합으로 방어선을 치고 지킨다는 글자입니다. 시간이 흐르면서 인구가 늘고 영토가 넓어지면서 방어 구역도 넓어지게 되었습니다. 이제 많은 사람들은 집과 멀리 떨어진 곳에 있는 영토를 지키게 되었습니다. 멀리 떨어진 가족을 걱정하는 마음에서 '혹시' 라는 의미로 변했으며 자주 걱정하는 데서 '늘 · 언제나' 라는 뜻까지 확장되었습니다.

다시 흙 토土를 더해서 역域이라는 글자를 새로 만들어서 본래의 의미인 '지키다' 를 보전하게 했습니다.

혹(惑)은 마음 심心을 더해서 '의심하다' 는 뜻을 나타냅니다. 먼 곳에서 집안일을 걱정하면서 이런저런 생각이 들었다는데서 '의심하다' 는 뜻이 나온 것입니다. 의심스런 생각이 점점 커지다가 전혀 엉뚱한 오해를 하기도 합니다. 이렇게 같은 생각을 하다보면 헷갈리게 된데서 '미혹迷惑되다' 는 뜻까지 생겨났습니다.

국(國)은 구역을 뜻하는 혹或에 울타리를 뜻하는 국口을 더해서 만들어 졌습니다. 또한 한정된 구역을 나타내서 '나라' 라는 뜻이 되었습니다. 도圖는 국口과 마을을 뜻하는 비啚가 결합해서 마을과 경계선을 그린 것으로 그림을 나타내고, 다시 지도地圖라는 뜻까지 확장되었습니다.

돌발퀴즈

다음 한자를 상상해보세요.

(1) 위에서 설명한 평(平)을 참고해서 다음 한자의 음과 뜻을 상상해 보세요.

評________________

힌트: 공평한 언어로 사물의 가치를 말해 준다는 데서 됨됨이를 평하다, 품평하다의 뜻이 된 것입니다.

논리적으로 생각하며 기초 다지기

가) 사람과 사람 사이에는 지켜야 할 윤리 도덕이 있다.

(그렇다, 그렇지 않다, 모르겠다)

왜냐하면 ____

____

나) 국가와 국가 사이에도 지켜야 할 윤리 도덕이 있다.

(그렇다, 그렇지 않다, 모르겠다)

왜냐하면 ______________________________

____

다) 울고 있는 초등학생과 싸우는 대학생을 좋게 평가할 수 있는가?

(그렇다, 그렇지 않다, 모르겠다)

왜냐하면______________________________

____

라) 약소국을 괴롭히면서 경제적으로, 군사적으로 침략하는 강대국을 좋게 평가할 수 있다.(그렇다, 그렇지 않다, 모르겠다)

왜냐하면 ______________________________

____

마) 대한민국의 평화와 발전을 위해서 가장 중요하다고 생각하는 국가의 책임자에게 편지를 쓰세요.(대한민국, 북한, 미국, 중국, 일본, 러시아 중 택1)

____

____

____

____

____

4장

생명, 과학 영역에서의 논술

_ 자연과 과학은 대립하는 것일까?

현대는 과학의 시대입니다. 우리는 전기를 에너지로 하는 전자제품을 사용하면서 편리한 생활을 하고 있지요. 하지만 과학은 너무 빨리 변합니다. 오늘의 신형 가전제품은 이미 구형이 되는 세상에 우리는 살고 있습니다. 세상은 지금 이 순간에도 급변하고 있지요. 그래서 많은 사람들이 과학의 빠른 속도에서 벗어나 단순하고 소박한 자연의 지혜를 따르자는 주장을 하고 있습니다. 단순하고 소박하게 생활하는 것도 삶의 질을 위해서 필요하기도 하지요. 패스트 푸드(Fast Food)가 아닌 슬로우 푸드(Slow Food)로, 스피드로부터 벗어나는 움직임이 바로 그것입니다. 지금 우리에게 필요한 것은 자연을 정복하는 것이 아니라, 자연과 더불어 사는 지혜가 필요합니다. 한 달에 한 번쯤은 월별로 천천히 사는 법을 연습해 보는 것은 어떨까요? 이를테면, '아무것도 사지 않는 날', '마주치는 사람을 보면 무조건 웃어 주는 날', '텔레비전 끄는 날', '시계 안 보는 날', '맨발로 흙 밟는 날', '아무것도 읽지 않는 날', '나무 껴안는 날', '합성 세제 쓰지 않는 날', '전화(휴대전화) 안 쓰는 날', '욕하지 않는 날', '외래어 쓰지 않는 날', '뛰지 않는 날', '인터넷 채팅 말고 편지 써보는 날', '침묵하는 날', '단식하는 날', '자연에 감사하는 날' 처럼 말입니다.

이 장에서는 자연과 과학이란 한자를 통해서 과학 시대에 살고 있는 현대인의 모습을 보며, 어떻게 사는 것이 행복한 삶인가를 모색해 봅시다.

한자로 생각하기

자연(自然)

자연은 스스로 그런한 것으로 해석하며, 사람의 힘이 더해지지 아니한 저절로 이루어진 상태를 나타냅니다.

과학(科學)

과학은 사물의 체계를 헤아려 등급을 나누는 학문으로 해석하며, 보편적인 진리나 법칙의 발견을 목적으로 한 체계적인 지식을 말합니다.

自 스스로 자

자(自)는 사람의 코를 본떠서 만든 글자로 '자신'을 나타냅니다. 코는 얼굴의 중앙에 위치하면서 숨을 쉬는 중요한 기관입니다. 고대 중국인들은 코를 그리는 것이 살아있는 나를 표현하기 위한 최고의 방법이라고 생각했습니다. 코로 숨을 쉬는 것은 생명의 시작으로 인식되었고 '~으로부터 · 시작'이라는 뜻으로 확장되었습니다. 코를 지칭하는 한자가 다른 뜻으로 사용되자 다시 비鼻를 만들어서 의미를 보존했습니다. 그래서 비鼻에 코를 나타내는 자自가 들어 있는 것입니다. 취臭는 개 견犬자와 코 자自를 결합한 글자로 개 코를 나타낸 글자이고, 냄새를 나타내는 '냄새 취臭'로 씁니다. 개는 냄새를 잘 맡는다는 데서 냄새라는 뜻이 생겨났습니다.

후嗅는 입 구口와 냄새 취臭가 더해진 글자로 '냄새를 맡는다 후嗅' 자입니다. 냄새臭를 입口으로 맛본다는 의미로 입 구口가 더해졌습니다. 냄새 맡는 감각을 후각嗅覺이라 하고, 후각이 발달했다는 것은 냄새를 잘 구별해 낸다는 뜻입니다.

식息은 코自와 심장心이 결합해서 만든 글자로 '숨을 쉬다 식'을 뜻합니다. 중국인들의 언어는 우리 언어와 매우 비슷합니다. 피被는 옷을 입는다는 뜻이지만 피해를 입다는 뜻으로도 쓰입니다. 옷을 입는다는 피복被服과 해를 입는다는 피해被害의 쓰임에서 알 수 있습니다. 이와 마찬가지로 식息자도 숨을 쉬다와 휴식休息하다의 의미가 같이 사용되었습니다. 휴식도 쉬는 것이기 때문입니다.

또한 숨을 쉰다는 것은 인간이 죽지 않고 살아 있다는데서, '자라다 · 불어나다'의 뜻으로 확장되었습니다. 이 예는 자식子息에서 찾아 볼 수 있습니다. 자식子息

이라 함은 아들이 불어난다는 뜻이고, 딸이 불어나면 여식女息이 됩니다.

월(月)은 달의 모양을 본뜬 글자입니다. 바라보다 망望은 보름에 달을 바라봄을 형상화 한 것입니다. 보름날, 달을 보고 소원을 비는 것에서 '보름'과 '바라다'라는 의미로 확장되었습니다.

육(肉)은 고기의 결을 본떠서 고기를 나타냈습니다. 다른 글자와 결합 할 때는 전서에서 보듯이 월月과 매우 모양이 흡사하여 달 월月과 통합한 것입니다. 이런 이유로 대부분의 월月이 들어가는 글자들은 달보다는 고기를 뜻하며, 특히 우리 인체를 나타내는 경우가 많습니다. 다만 월月과 육肉은 단독으로 쓰일 때는 구분해서 사용합니다.

연(然)은 고기를 나타내는 월月, 개 견犬, 불 화灬의 결합으로 '그러하다'를 나타냅니다. 개털은 부드러워 뽑기가 힘들기 때문에 불에 그을려서 요리합니다. 그래서 '불태우다'가 원래의 의미입니다. 개털을 불에 그을리자고 하면 모두들 그렇다고 긍정한 것에서 '그렇다'는 의미로 전용되었습니다. 연燃은 불태우다는 뜻으로 연然과 불 화火를 더해서 의미를 보존한 것입니다.

斗

말 **두**

두(斗)는 고대 중국에서 술을 뜰 때 사용하는 도구였으나 후에 곡식을 헤아리던 '말' 로 의미가 확장된 것입니다. 이 기구는 기다란 손잡이가 달려 있어서 국자나 올챙이 모양과 비슷합니다. 그래서 과두蝌蚪라 함은 올챙이를 뜻하게 되었습니다.

科

과목 **과**

과(科)는 벼 화禾와 말 두斗가 결합한 글자로 원래는 벼를 추수해서 양을 재는 뜻이었습니다. 곡식의 양을 헤아리고 등급을 정하는데서 '등급' 이라는 뜻으로 확장되었습니다. 다시 등급에서 '부문' 이라는 뜻이 확장되어 학교에서 사용하는 문과文科 · 이과理科를 구분할 때, 과科에 사용됩니다.

과목科目은 사물의 체계를 헤아려서 세분화시킨 것을 말하며, 죄과罪科는 잘못을 헤아려서 처벌한다는 것을 나타냅니다.

學

배울 **학**

학(學)의 가운데 효爻는 노끈을 묶는 형태를 말하는 것이고, 옆의 절구 구臼는 두 손모양을 나타낸 것입니다. 그래서 아들 자子가 결합한 배울 학學은 아이가 문자를 배우는 형태를 그린 것이며, 가르칠 교教에서도 흔적을 찾아 볼 수 있습니다.

다음은 사용이 매우 빈번한 손모양을 나타내는 글자들입니다.

又 𠂇 彐 寸 扌

손 모 양

우又는 손모양을 본떠서 만든 글자이며, 단독으로 쓰일 때는 '또' 라는 뜻을 나타냅니다. 그러나 다른 글자와 결합할 때는 반드시 손모양을 뜻합니다.

갑골문에서 우又는 모두 같은 모양이었지만 다른 글자와 결합하는 과정에서 여러 가지 모양으로 변하였습니다. 다른 글자와 결합할 때는 '손' 을 나타낸다는 것을 반드시 알아 두시기 바랍니다.

논리적으로 생각하며 기초 다지기

가) 타잔은 살기 좋았을까? (그렇다, 그렇지 않다, 모르겠다)

왜냐하면 ______________________________

____

나) 시골에서 살면 좋을까? (그렇다, 그렇지 않다, 모르겠다)

왜냐하면 ______________________________

____

다) 일하지 않는 사람은 먹지도 말아야 할까? (그렇다, 그렇지 않다, 모르겠다)

왜냐하면______________________________

____

____

라) 과학이 발달하면 이 환경문제도 해결할 수 있을까?

(그렇다, 그렇지 않다, 모르겠다)

왜냐하면______________________________

____

____

마) 과학의 발명은 끝이 있을까? (그렇다, 그렇지 않다, 모르겠다)

왜냐하면______________________________

____

____

바) 잘못 알려진 과학은 없는가? (그렇다, 그렇지 않다, 모르겠다)

왜냐하면 ______________________________

사) 과학은 믿을 수 있고 확실한 지식인지에 대해서 300자 내외로 논술하시오.

_ 생명과 관련된 문제는 어떤 것이 있을까?

『효경』에는 '신체발부는 수지부모라, 불감훼상함이 효지시야라身體髮膚 受之父母 不敢毁傷 孝之始也' 라는 구절이 있습니다. 이것은 '내 몸과 피부와 터럭(머리털)은 부모에게서 받은 것이니, 감히 헐어 상하지 않게 하는 것이 효의 시작이니라.' 는 뜻입니다. 이에 따라 중국인은 머리털을 자르는 것을 치욕으로 여겼습니다. 중국과 교류가 활발했던 우리나라도 마찬가지였지요.

하지만 세월이 흘러 이발하는 것은 일상적인 일이 되었고, 사후의 장기기증은 미덕이 되었습니다. 이제 생명과 관련된 문제는 주로 의료기술의 발달과 관련하여 발생합니다. 그 이유는 의료기술의 성장으로 죽음을 어느 정도 유예할 수 있게 되었기 때문입니다.

이와 같은 생명과 관련된 문제들에는 어떤 것들이 있을까요?

먼저 복제양 돌리를 시작으로 생명복제, 뇌사, 안락사, 장기의 배분문제와 같은 생명의 존엄성과 관련된 문제가 있습니다. 그리고 진단의학의 발달에 따른 낙태나 개인 정보 유출과 같은 부작용, 의료분쟁에 관한 문제 등이 있지요.

생명에 관한 문제는 항상 논란의 중심 위에 있습니다. 이번 장에서는 '생명'과 '탄생' 에 관한 한자를 다루고 과학의 발달이 가져온 '생명의 문제' 에 대해 이야기를 나누어 봅시다.

한자로 생각하기

생명(生命)

생명은 사람이 살아 있는 기간을 나타냅니다. 하늘이 명한 살아 있는 기간으로 해석하며, 동양에서는 죽고 사는 것은 하늘에 달렸다고 생각하는데서 유래했습니다.

탄생(誕生)

탄생은 태어남을 높여서 말한 것이며, 조직이나 사업체가 새로 생긴 것을 말하기도 합니다.

생(生)은 76page 참고

명령하다 **령**

령(令)은 모자亼 모양과 무릎을 본뜬 절卩의 결합으로 '명령하다' 를 나타냅니다. 모자는 권위의 상징으로 통치자를 의미합니다. 황제를 나타내는 황皇의 갑골문에도 장식이 많은 모자를 쓴 형태로 나타냈습니다. 령令은 모자를 쓴 절대 권력자나 관리에서 '우두머리' 라는 뜻이 생겼고, 우두머리가 부하에게 '명령하다' 는 의미로 뜻이 확장되었습니다.

목숨 **명**

명(命)은 령令에 입 구口를 더해서 '명령하다' 는 뜻을 나타냅니다. 그러나 하늘이 사람의 수명을 정해 놓았다는 의미에서 목숨의 의미로 확장되었고 '생명生命 · 운명運命 · 천명天命' 에 사용합니다.

인(廴)은 걷고 있는 사람의 다리를 옆에서 보고 그린 글자입니다. 갑골문을 보면 알 수 있듯이 뒤쪽의 다리를 길게 그려서 '길게 · 멀리 간다' 는 것을 뜻합니다. 이 글자는 단독으로 사용하지 않고 다른 글자와 결합해서 사용합니다. 민책받침이라고 가르치는 경우가 있는데, 잘못된 것으로 한자교육에 도움 되지 않습니다. 잊어버리십시오.

연(延)은 인廴과 발 모양을 본뜬 글자인 정正의 결합으로 '길게 간다' 는 뜻을 나타냅니다. 멀리 간다는 뜻에서 '늘리다' 는 의미로 확장되었으며, 이끌고 간다는 의미로 확장되었습니다. 그래서 날짜를 늘려 주는 것을 '연기延期' 라 합니다.

탄(誕)은 말씀 언言자와 연延의 결합으로 '태어나다' 의 뜻을 나타냅니다. 언言이 들어간 것으로 보아 말과 관련된 글자라는 것을 알 수 있습니다. 본래의 뜻은 말을 길게 늘려서 '과장되게 말하다 · 속이다' 는 의미였습니다. 시간이 지나서 본래 의미가 퇴색되고 '태어나다' 는 뜻으로 바뀌었는데, 아마도 아이가 태어난 것을 여기 저기 자랑하는 데서 연유하지 않았나 합니다.

• 생(生)은 76page 참조

논리적으로 생각하며 기초 다지기

가) 복제 기술이란 '한 개체와 동일한 유전자 세트를 지닌 새로운 개체를 만드는 기술'로써 쉽게 말하면 똑같은 기질을 가진 것이 하나 더 생산되는 것이다.

(그렇다, 그렇지 않다, 모르겠다)

왜냐하면 ______________________________

____

____

나) 현재 동물 복제는 우수 형질 생산의 효용성을 바탕으로 전폭적인 지지를 얻고 있다. (그렇다, 그렇지 않다, 모르겠다)

왜냐하면 ______________________________

____

____

다) 생명 복제 기술은 아직 인간에겐 시기상조이다.

(그렇다, 그렇지 않다, 모르겠다)

왜냐하면 ______________________________

____

____

라) 생명 복제 기술의 어려움은 완벽하지 못한 데서 오는 윤리적 문제이다.

(그렇다, 그렇지 않다, 모르겠다)

왜냐하면______________________________

____

____

마) 생명 복제는 있어서는 안 된다는 주장을 글자 수에 관계없이 자유롭게 논술하시오.

____

____

____

____

____

____

____

____

____

____

____

____

____

_생명 복제 기술은 희망이 될까?

과학기술의 발달과 함께 의학은 눈부신 발전을 거듭했습니다. 그 중에서도 가장 주목받는 분야는 생명 복제 기술입니다. 생명 복제 기술은 멸종위기에 처한 동식물의 보존과 장기기증이 부족한 현실문제를 해결할 수 있기 때문이지요.

생명 복제 기술이란 쉽게 말해서 '한 개체와 동일한 유전자 세트를 지닌 새로운 개체를 만드는 기술' 입니다. 작게 보면 동물 복제와 인간 복제로 나누어지는데 동물 복제는 이미 상당히 진척되어 있고 인간 복제도 머지않아 가능할 것이라고 합니다.

인간의 욕망은 끝이 없습니다. 특히 건강하고 오래 살고자하는 건강한 생명에 대한 욕망은 누구나 갖고 있습니다. 인간복제가 가능하다면, 아직 의학적 미스테리를 가지고 있는 백혈병, 파킨슨병, 당뇨병 등 여러 가지 치료가 불가능한 질병을 정상 세포를 생산하여 주입함으로써 치료할 수 있습니다. 또한 신체의 손상된 장기나 부분을 작은 세포를 통해 소생시킬 수도 있습니다. 덧붙여 대체 장기를 생산해 냄으로써 인간은 수명을 연장할 수도 있습니다.

그러나 이런 장밋빛 미래만 있는 것일까요? 생명의 탄생과 복제는 분명히 다른 말입니다.

이번 장에서는 복제와 기술에 대해서 생각해 보겠습니다. 과연 인간 복제는 해도 되는 것일까요? 복제된 인간은 만들어진 것일까, 탄생한 것일까요?

한자로 생각하기

복제(複製)

복제는 본래의 것과 똑같은 것을 만든다는 뜻을 나타냅니다.

기술(技術)

기술은 사물을 잘 다룰 수 있는 방법이나 능력을 나타냅니다.

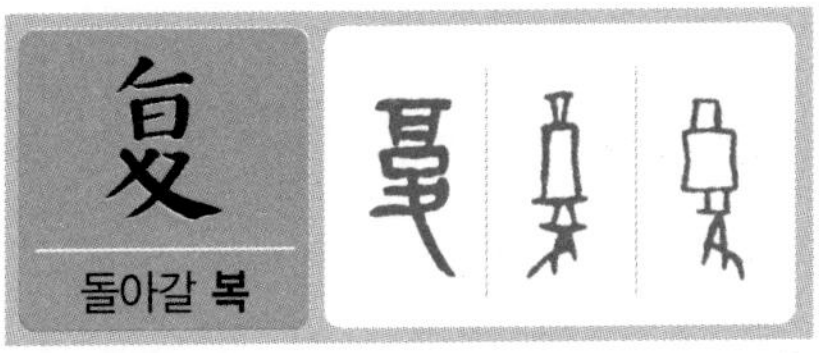

복(复)은 갑골문을 보면 무덤 모양인 아亞에 발모양을 뒤집은 치夊를 결합시켜서, 죽은 이가 다시 돌아온다는 믿음을 형상화 한 것입니다. 여기서 '다시 · 회복' 을 나타내는 복復의 옛글자입니다.

복(復)은 천천히 갈 척彳을 더해서 의미를 확실하게 한 것입니다. 죽어서 다음 세상으로 갔다가 다시 돌아온다는 데서 '회복回復' 의 뜻이 나온 것입니다. 여기서 '다시' 라는 뜻으로 확장되어 '부' 로 읽습니다.

의(衣)는 윗도리 옷 모양을 본떠서 '의복' 을 나타냈습니다. 고대 중국인들은 옷입는 것을 일상에서 중요한 일 중에 하나라고 생각했습

니다. 그래서 우리가 입고, 먹고 거주하는 것을 의식주衣食住라 하고, 그 중에서 으뜸으로 의衣를 놓게 된 것입니다.

의(衤)는 옷 의衣가 다른 글자와 결합할 때 변하는 모양의 글자로 옷을 나타냅니다.

복(複)은 옷 의衤와 다시 복复이 결합한 것으로 '겹치다' 를 나타내는 글자입니다. 옷을 거추장스럽게 겹쳐 입었다는 데서 복수의 개념으로 '복잡複雜 · 복수複數' 에 사용합니다.

제(製)는 옷 의衣와 제制를 더해서 '짓다' 를 나타냅니다. 옷을 만드는 일은 도안을 그려서 계획적으로 만들기 때문에 구체적으로 어떤 물건을 만들 때 사용하는 것으로 앞에서 설명한 제制와 차이가 있습니다. 생산지, 즉 그곳에서 만들었다는 것을 뜻해서 한국제韓國製, 일본제日本製라고 할때 씁니다. 처음 초初는 옷 의衣와 칼 도刂가 결합해서 만든 글자로, 제製와 같이 처음 옷을 만들 때 마름질하는 것에서 유래 했습니다.

지(支)는 열 십十자 모양과 손모양인 우又의 결합으로 만들어진 글자입니다. 열 십十자는 나뭇가지를 나타낸 것으로, 손에 나뭇가지를

잡고 있는 형태에서 '가지' 라는 의미가 나온 것입니다. 나무줄기에서 가지가 갈라져 나온다고 하여 갈라지다는 의미로 지류支流에 쓰입니다. 또한 나뭇가지를 손으로 잡고 몸을 '지탱하다' 는 뜻으로 지지支持하다는 단어에 사용합니다. 지肢는 몸을 나타내는 월月자와 결합해서 우리 몸에서 갈라져 나온 부분, 즉 팔다리를 나타냅니다. 사지四肢라고 할 때 사용합니다.

기(技)는 손 수手와 갈래 지支의 결합으로 '기술' 을 나타냅니다. 손과 연관된 의미가 확장되어 '재능 · 재주' 를 나타내게 되었습니다. 경기競技는 재주가 높고 낮음을 다투는 것이며, 아주 특별한 재주를 특기特技라 합니다.

기생을 뜻하는 기妓에서도 재능을 가진 여인이라는 뜻입니다.

술(術)은 갈 행行과 차조 출朮이 더해져서 만든 글자입니다. 본래의 의미는 밭에 가서 차조를 심는 것을 나타낸 글자였습니다. 그러나 곡식을 심기 위해서 숙련된 기술이 필요하다고 해서 '기술' 이라는 뜻으로 전용된 것입니다. 예술藝術이라고 할 때 예藝도 두 손으로 잡은 나무를 심고 있는 것을 그린 것입니다. 곡식이나 나무를 기르는 것은 상당한 지식이 있어야 되는 것이라는 인식에서 나온 글자입니다.

논리적으로 생각하며 기초 다지기

가) 생명 복제 기술이란 '한 개체와 동일한 유전자 세트를 지닌 새로운 개체를 만드는 기술' 을 의미하며, 크게 동물 복제와 인간 복제로 나누어진다.

(그렇다, 그렇지 않다, 모르겠다)

왜냐하면 ____

____

나) 생명 복제 기술은 우리에게 새로운 시도를 통해 긍정적 영향을 제공할 것이다.

(그렇다, 그렇지 않다, 모르겠다)

왜냐하면 ____

____

다) 동물 복제는 무엇보다 우량 동물의 번식과 보전을 가능케 한다.

(그렇다, 그렇지 않다, 모르겠다)

왜냐하면 ____

____

라) 생명 복제는 멸종 위기 생명 종들의 보전과 복원이 가능해진다.

(그렇다, 그렇지 않다, 모르겠다)

왜냐하면 ____

____

마) 인간 복제는 개인적 선택의 문제이며 그 선택이 타인에게 심각한 영향만 끼치지 않는다면 자유롭게 보장되어야 한다. (그렇다, 그렇지 않다, 모르겠다)

왜냐하면 ____________________

____

바) 아직 미스테리를 가지고 있는 백혈병, 파킨슨병, 당뇨병 등 여러 가지 치료가 불가능한 질병을 정상 세포를 생산하여 주입함으로써 치료 할 수 있고 더 발전해서 세포 하나로부터 신체의 손상된 장기나 신체 부분을 재발생 시킬 수도 있다. (그렇다, 그렇지 않다, 모르겠다)

왜냐하면____________________

____

사) 현재 우리가 겪고 있는 생명위기를 극복하기 위해서, 인류의 근본적인 행복을 충족하기 위해서 생명 복제 기술은 인간 존엄성을 해치지 않는 한 꾸준한 발전이 이루어져야 할 것이다. (그렇다, 그렇지 않다, 모르겠다)

왜냐하면____________________

그럼에도 불구하고____________________

그러나____________________

따라서____________________

아) 생명위기 극복의 기폭제가 될 생명 복제 기술은 허용하고 장려해야 한다는 주제로 600자 이내로 논술하시오.

논술문 가이드

생명은 '생산'이 아닌 '탄생' 되어야 한다. - 2005년 동산고 2학년 공재형

동물 복제는 식량부족의 문제와 멸종 위기를 극복하는 최선의 방책이 될 수 있다고 동물 복제 찬성론자들은 말한다. 그들의 주장처럼 우량 동물을 번식시켜 식량 부족 문제를 해결할 수도 있고, 멸종 위기의 동식물을 구제할 수 있는 장점도 있다.

그러나 오늘날의 식량부족 문제는 절대적 부족보다는 식량의 불평등 분배구조와 지나친 육식 의존에 있다. 따라서 세계 식량의 분배를 적정화 하고 육류소비를 줄여간다면 식량문제는 상당부분 해결할 수 있다. 오히려 이러한 계기를 통해서 육식 의존도를 낮추게 된다면 생태계 보호뿐만 아니라 환경을 보호함으로써 멸종위기의 동물을 보호하고 개인적으로는 성인병에 걸릴 확률을 낮춰주기까지 할 것이다. 이런 점에서 동물 복제 찬성론자들의 주장은 허구이다.

복제 양 '돌리'를 생각해보자. '돌리'가 태어났을 때, 전 세계인들은 모두 기뻐하며 과학의 발전을

반겼다. 그런데 그 결과는 '돌리'의 빠른 노화로 쉽게 죽음으로써 허무하게 끝났다. 생명 복제 기술은 이루어지더라도 안전상의 문제와 위험성을 해결한 다음에 이루어져야 할 것이다.

이제 인간은 동물 복제 기술에 만족치 못하고 인간 복제까지 시도하려 하고 있다. 인간 복제 지지자들은 기술을 이용해서 개인의 심리적 고통을 덜어주고 대체 장기의 개발로 인간의 기본적 욕망을 충족시킬 수 있다고 한다. 하지만 새롭게 복제된 사람이 전에 죽었던 사람을 대체할 것이라는 것은 큰 착각이다. 그는 그 나름대로의 가치관과 인격이 있다. 인간은 목적으로 대우받는 것인지, 수단으로 취급당해서는 안 된다.

현재도 신체 장기매매가 성황을 이루고 그것은 큰 비난을 받고 있다. 그런데 대체 장기를 대량생산을 하면 그 장기는 보나마나 상업화가 될 것이고 큰 사회적 혼란을 겪게 될 것이다. 또한 수명을 연장한다고 하자. 아이는 없고 어른들, 노인들만 있는 나라와 세계를 상상할 수 있는가?

인간은 욕망의 덩어리다. 건강하게 오래 살기 위한 욕망으로 생명 복제 기술을 만든 것이 인간이다. 이제 그 기술의 사용을 합법적으로 인정한다면, 인간사회는 그 순간 끝장이 난다. 왜냐하면 욕망은 긍정적인 면과 부정적 면, 두 가지가 있기 때문이다.

베토벤, 아인슈타인, 간디, 공자, 징기스칸, 히틀러 등의 사람만이 존재하는 사회는 살기 좋은 세상이 결코 아니다. 무제한적인 슈퍼인간의 복제는 인류를, 발전이 아니라 파멸로 이끌고 갈 것이다.

여러 관점에서 보았을 때 생명 복제 기술은 그에 따른 위험성과 문제점이 많기 때문에 재고해야 할 기술이다. 생명 복제 기술 발전에 힘쓰기 전에 전체적인 관점에서 생명윤리에 대한 인식을 바로 해야 할 것이다.

그것은 연구 활동가 개인에서부터 정부와 세계기관까지 다양한 프로그램 개발로 전 인류가 공유할 수 있는 생명윤리에 대한 교육과 개발의 시스템을 갖추어야 할 것이다. 그리하여 생명 복제 기술이 인간의 삶을 풍요롭고 행복하게 만드는 한에서만 가능하도록 해야 한다는 것을 깨닫도록 해야 할 것이다. 왜냐하면 생명은 생산되는 것이 아닌 탄생하는 것이며, 그 어떤 일의 수단이 아닌 그 자체가 목적이라는 사실을 알아야 하기 때문이다.

_ 안락사를 둘러싼 가족의 결정은 옳은 일일까?

안락사(安樂死 : euthanasia)란 생존의 가능성이 없는 병자의 고통을 덜어주기 위하여 인위적으로 죽음에 이르게 하는 일을 말합니다. 환자가 심한 육체적인 고통을 받고 있어서 죽음 이외에는 그 고통을 제거할 방법이 없을 때가 있습니다. 이 때 환자를 둘러싸고 벌어지는 안락사 결정문제는 심한 갈등을 겪게 마련입니다.

한편, 1994년 6월에 네덜란드에서는 한 정신과 의사가 심한 우울증으로 시달리던 한 여인에게 치사량의 수면제를 주어 자살을 방조한 혐의로 기소되었습니다. 그러나 대법원에서는 의사의 유죄를 인정하면서도, 형은 선고하지 않은 예가 있습니다. 이는 '죽을 권리'에 관한 법률을 한계 상황에 이른 정신병 환자에게도 적용할 수 있다는 판례로 남게 되어 안락사를 육체적 고통에서 정신적 고통에까지 확대한 예라 할 수 있습니다. 오스트레일리아 다윈주州에서는 안락사를 제한적인 범위에서 법으로 허용하고 있지요.

1995년에 로마 교황은 안락사를, "모든 고통을 없애려는 목적으로 그 자체로써 그리고 고의적으로 죽음을 가져오는 행위"로 정의하고, 이를 하느님의 율법에 대한 중대한 위반으로 규정한 바 있습니다.

다음의 지문을 읽고, 안락사에 대해 생각해봅시다.

판사 : 본 재판은 지난 2001년 2월 23일, 피고 김형석 의사醫師가 자신의 환자 서슬기 씨에 대해 행한 '안락사安樂死'의 정당성正當性 여부를 가리기 위한 재판입니다.

(망치 등의 물건으로 두 번을 친 다음, 여유있게)

우선 검찰 측의 의견을 제시해주십시오.

검사 : 존경하는 재판장님, 먼저 피고 김형석 의사醫師의 안락사 행위는 명백한 살인殺人 행위입니다. 피고의 환자 고故 서슬기 씨는 분명히 심장도 뛰고 있었고, 뇌도 살아 있었습니다. 병으로 고통이 심해 제 정신이 아닌 상태에서 환자가 부탁한 말을 그대로 따라 그 환자를 죽인다는 것은 명백한 살인 행위라고 주장합니다.

판사 : 피고측 반대 변론하세요.

변호사 : 존경하는 재판장님, 피고 김형석 의사가 행한 안락사는 정당하다고 봅니다. 피고는 피고의 환자 고故 서슬기 씨의 병을 치료하기 위해 그 동안 많은 노력과 정성을 쏟았습니다. 하지만 병이 너무 악화되어 심한 고통을 겪게 된 환자를 더 이상 바라볼 수 없었고, 환자가 계속 죽여달라고, 제발 좀 죽여달라고 부탁했기 때문에, 피고는 그의 부탁을 받아들여 안락사 행위를 한 것입니다.

이렇듯 많은 이들은 안락사를 둘러싸고 갈등하고 괴로워합니다. 이번 장에서는 안락사를 두고 벌어지는 '가족' 과 '입장' 에 대해 알아보도록 하겠습니다.

한자로 생각하기

가족(家族)

가家는 집에서 돼지 등과 같은 재산을 나타내는 것이고, 족族은 무기를 들고서 자기의 영역을 지킨다는 의지를 표현하는 단어입니다. 따라서 가족이란 부부와 같이 혼인으로 맺어지거나, 부모 · 자식과 같이 혈연으로 이루어지는 집단이나 그 구성원을 통틀어 말하는 것입니다.

입장(立場)

입장은 운동장에 서 있다는 뜻으로, 당면하고 있는 상황을 말합니다.

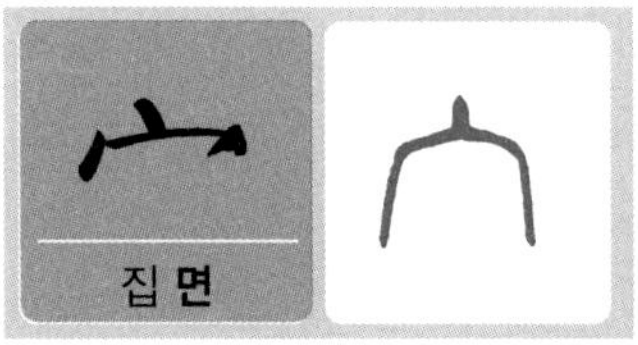

면(宀)은 지붕의 모양을 본떠서 만든 것으로 단독으로 쓰이지 않고 다른 자와 결합해서 사용합니다. 대부분 '집'을 나타냅니다. 오른쪽 그림을 보고 여러분의 상상력을 동원해 보십시오. 집 면宀 자가 보이지요?

옛날에는 옆의 그림처럼 땅을 파고 들어가 공간을 만들어 집을 짓고 살았습니다. 이때 집안으로 물이 스며들지 않도록 그림처럼 지붕을 만들었는데, 집 면宀 자는 이 모양을 본 뜬 글자입니다.

가(家)는 집 면宀과 돼지 시豕의 결합으로 만든 글자입니다. 돼지는 새끼를 많이 낳는 동물이기에 자손이 번성하기를 기원하는 의미로 더해졌습니다. 고대 중국은 농경을 주로 하는 사회여서 자손이 번성하면 풍부한 노동력을 얻는 것이고, 풍부한 노동력은 생산력을 높일 수 있었기 때문에 집안이 부유했습니다. 이런 것을 염두에 두고서 집을 나타내는 글자에 돼지 시豕를 더해 '집 · 가정'을 의미한 것이지요. 사진처럼 집의 일층은 돼지나 가축을 키우고, 이층에서 사람들이 생활한 형태를 그린 것으로 설명하는 사람도 있습니다. 또한 소는 크기가 커서 집과 분리해서 따로 키웠기 때문에, 뢰牢는 '우리 · 가축 기르는 곳'을 나타냅니다. 분리해서 따로 가두었다 하여 '감옥'이라는 뜻까지 생겼습니다.

1층은 가축을 키우고, 2층에 사람이 사는 집

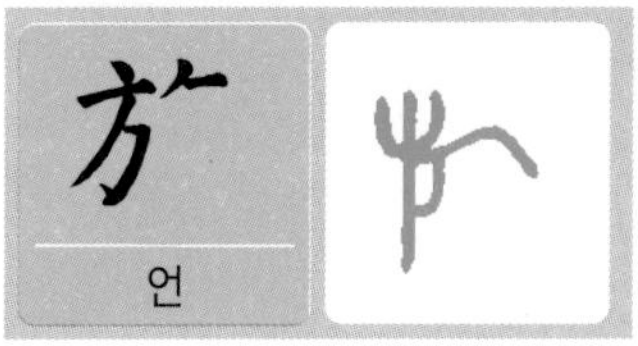

언(㫃)은 깃발 그림을 형상화한 글자입니다. 이 글자는 부수를 축소하는 과정에서 아무 연관성이 없는 방方으로 통합되었습니다. 그래서 깃발과 관계가 깊은 '여행, 군사'와 관련된 일을 나타내는 글자에 사용합니다. 단체 여행을 할 때, 가이드가 항상 깃발을 들고 여행객들에게 잘 보이게 하는 것에서 자취를 찾아볼 수가 있습니다.

깃발을 나타내는 글자는 기其자를 더해서 깃발 기旗자를 새로 만들었으며, 쓰임으로는 태극기太極旗 · 오성기五星旗 등에 사용합니다.

족(族)은 깃발 아래 화살을 들고 서 있는 모양으로 '겨레'를 나타내는 글자입니다. 마을의 문양이 그려진 깃발 아래 화살을 들고 모인 전투부대를 형상화한 것입니다.

부족국가 시절에는 부대규모가 작아서 한마을 사람들로 구성되었습니다. 구성원들 대부분이 친척이었기 때문에 친족親族 · 가족家族 · 종족宗族 등의 뜻으로 확장 되었습니다.

이보다 큰 형태의 전투부대는 여旅가 있는데, 깃발 아래 사람 인人을 두 개를 사용해서 큰 규모를 나타냈습니다. 지금도 군대의 부대단위를 나타내는 여단旅團에 사용하며, 여러 지역에서 전투부대로 모였다고 해서 '나그네 · 여행'이라는 뜻으로 확장되었습니다. 여관旅館 · 여행旅行에 사용합니다.

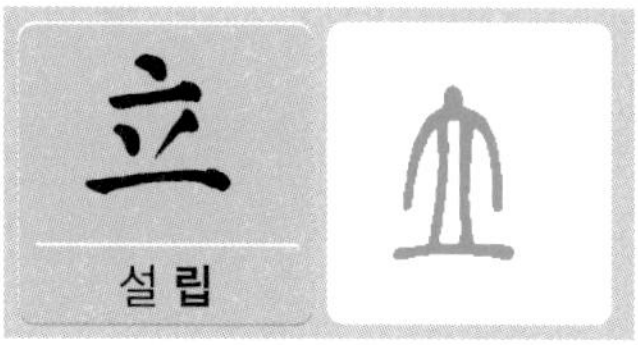

립(立)은 사람모양을 나타내는 대大의 변형과 땅 모양인 한 일一의 형태를 결합해서 사람이 땅에 '서 있다'를 나타냅니다.

한 일一자가 땅을 표현하는 경우는 단旦에서도 찾아 볼 수 있습니다. 단旦은 태양이 땅 위로 떠오르는 시간, 즉 '아침'을 의미합니다. 큰 대大자가 변해서 설 립立이 되었듯이 한자는 형태가 바뀌었다 할지라도 예전의 뜻은 그대로 갖고 있는 경우가 있습니다. 혼동하지 말아야 합니다.

장(場)은 흙 토土와 별 양昜이 결합한 글자입니다. 양昜은 언덕 위로 태양이 떠오르는 모양을 본뜬 글자입니다. 여기에서 태양을 향하여 제사를 지내는 곳이라는 의미의 '장소, 마당' 이라는 의미가 나왔습니다.

제사를 지내기 위해서 많은 사람들이 모여드는 넓은 곳을 말하는 광장廣場 · 운동장運動場에 사용합니다.

돌발퀴즈

다음 한자를 상상해보세요.

(1) 설 립(立)을 참고해서 다음 한자들의 뜻을 상상해보세요.

병(竝)________ 립(笠)________ 읍(泣)________

힌트: 병(竝)은 두 사람 이상이 서 있는 모양에서 나란하다는 뜻입니다. 같은 한자를 두 개를 사용하면 많다는 뜻입니다. 림(林)은 나무 두 개가 아니고 여러 개의 나무가 있는 숲을 나타내는 것에서 알 수 있습니다.

립(笠)은 대나무 죽(竹)과 결합해서 대나무로 만든 모자를 쓰고 있는 형상으로 삿갓을 뜻합니다.

읍(泣)은 물 수(水)를 더해서 서 있으면서 눈물을 흘리는 모양을 그린 것으로 소리없이 운다는 뜻을 나타냅니다. 소리 내서 우는 것은 입 구(口)를 사용해서 곡(哭)으로 나타냈습니다.

논리적으로 생각하며 기초 다지기

가) 도저히 살아날 가망이 없는 환자를 본인 또는 가족의 요구에 따라 고통이 적은 방법으로 인공적으로 죽음에 이르게 하는 안락사는 살인죄이다.

(그렇다, 그렇지 않다, 모르겠다)

왜냐하면 ______________________________

____

나) 도저히 살아날 가망이 없는 환자를 본인 또는 가족의 요구에 따라 고통이 적은 방법으로 인공적으로 죽음에 이르게 하는 안락사는 의로운 행동이다.

(그렇다, 그렇지 않다, 모르겠다)

왜냐하면______________________________

____

다) 당신이 만약 의사의 입장이라면 서슬기 씨의 부탁을 들어 주었을 것이다.

(그렇다, 그렇지 않다, 모르겠다)

왜냐하면______________________________

____

라) 서슬기 씨의 예를 갖고 역할극 대본을 만들어 보세요.

____

____

다시 보는 페이지

우리가 함께 공부한 한자

1. 논리(論理)

'논리論理' 에서 '논論' 이라는 글자는 '말씀 언言' 과 '조리를 세우다. 생각하다' 의 뜻을 가진 '륜侖' 이 합쳐진 형성 문자입니다. 그리고 '다스릴 리理' 가 합쳐져서 '논리' 라는 말이 나왔습니다. 따라서 '논리' 라는 한자어를 풀어보면, '말의 법칙과 원리를 따지는 것' 을 말합니다.

2. 논술(論述)

어떤 것에 관하여 의견을 논리적으로 서술하는 것을 말합니다.

3. 주장(主張)

주장에서 주主는 움직이지 않는 상태를 나타내고, 장張은 활을 잡아 당겨서 줄을 거는 의미를 나타낸 글자입니다. 이 두 한자의 결합으로 만들어진 '주장' 은 자기의 의견이나 주의를 단단하게 확장해 나가는 것을 말합니다. 주장이 공격적인 의미를 갖고 있는 이유는 글자의 유래에 '활' 이 들어갔기 때문입니다.

4. 이유(理由)

이理는 원석의 무늬를 따라가는 과정을 통해서 옥을 가공하는 것을, 유由는 수레의 굴대로 인해서 굴러갈 수 있음을 나타내는 글자입니다. 이 두 글자는 과정과 근거가 강조된 단어입니다. 이유란 어떠한 결론이나 결과에 이른 까닭이나 근거를 나타냅니다.

5. 불편(不便)

불편은 말을 부리는데 채찍을 사용하지 않음을 나타낸 것입니다. 말馬은 말言로 해서 듣는 것도 아니고 채찍을 사용해서 그때그때 바로 잡아야 편리합니다. 따라서 불편이란 어떤 것을 사용하는데 편리하지 않음을 나타낸 것입니다.

6. 순서(順序)

순順은 사람이 고개를 숙인, '순종의 의미' 를 나타냅니다. 순종은 예절의 의미가 있으며, 예절의 기본은 차례를 지키는 것입니다. 서序 역시 차례를 의미합니다.

결과적으로 순서는 상하 간의 차례 관계나 일을 하는 차례를 나타냅니다.

7. 암시(暗示)

암시는 어두운 날 구름 사이로 햇빛이 내려와 세상의 한 부분만 밝게 비춰주는 모양처럼, 모든 것을 다 보여주지 않고 간접적으로 일부분을 보여주는 것을 말합니다.

8. 구성(構成)

구성은 '얽다 · 만들어 내다' 는 뜻을 가진 구構와 이룰 성成자가 합쳐진 단어입니다. 구성構成의 의미는 기둥이나 서까래를 얽어서 집을 짓듯이, 여러 요소를 모아서 '일정한 전체를 이루다' 는 것입니다.

9. 문질빈빈(文質彬彬)

본질과 꾸밈이 서로 조화를 이루어 과하지도 부족하지도 않음을 말합니다.

10. 관습(慣習)

관습은 일관되게 행동해서 익숙해진다는 관慣의 뜻과 반복을 통해서 익힌다는 습習의 결합으로 만들어진 한자입니다. 한 민족이나 사회 구성원들 사이에서 오랜 시간동안 만들어진 질서나 풍습을 말합니다.

11. 도덕(道德)

도덕은 인간이 가야할 길, 인간답게 행동하면서 남에게 베푸는 행동과 자세를 말합니다.

12. 법(法)

법은 국가의 강제력을 수반하는 사회 규범이나, 공공 기관이 제정한 법률, 명령, 규칙 등을 말합니다.

13. 예절(禮節)

예절禮節에서 '예禮'는 신에게 제사를 지낼 때 정하는 의식의 차례와 정성을 나타낸 글자입니다. 그리고 '절節'은 대나무 마디처럼 순서를 강조하는 의미가 있는 글자입니다. 한자에서 예절의 덕목은 차례를 지키는 것, 곧 나이 많으신 어르신을 정성을 다해 먼저 모시고, 어린 자가 나중에 행하고 따르는 것이었습니다.

14. 결혼(結婚)

결혼은 남녀가 정식으로 부부 관계를 맺음을 뜻합니다. 혼婚에서는 씨 뿌리는 모양의 씨氏와 결합한 것으로 보아 아이, 즉 씨를 생산한다는 의미가 내포하고 있습니다.

15. 욕심(慾心)

분수에 넘치게 무엇을 탐내거나 누리고자 하는 마음을 말합니다.

16. 본성(本性)

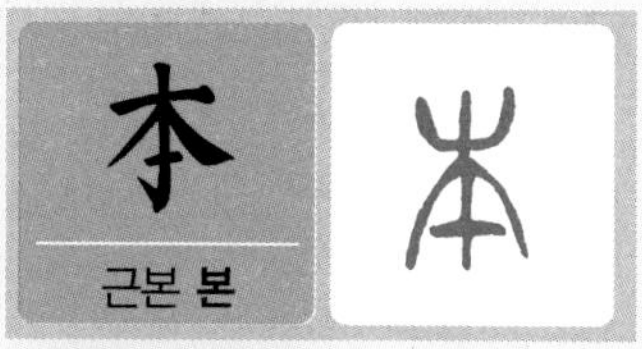

본本은 나무의 뿌리를 나타내는 근본이고, 성性은 대지를 뚫고 막 올라오는 풀을 그린 생生과 마음 심心이 결합해서 태어났을 때의 마음을 뜻하는 한자입니다. 모든 생물체는 조상이 가지고 있는 특성을 후대에 반복하기 때문에 생生을 결합시켜 변하지 않는 성품을 나타낸 것입니다.

즉, 본성은 태어나면서 갖고 있는 마음과 변치 않는 성품을 말합니다.

17. 성선설(性善說)

성선설이란 사람이 태어날 때의 본성은 착하다는 주장입니다.

18. 성악설(性惡說)

성악설이란 사람의 태어날 때의 본성은 악하다는 주장입니다.

性

성품 **성**

惡

악할 **악**

說

말씀 **설**

19. 성무선악설(性無善惡說)

성무선악설이란 인간의 본성은 선하지도 악하지도 않다는 주장입니다.

性

성품 **성**

無

없을 **무**

善 착할 선

惡 악할 악

說 말씀 설

20. 사회(社會)

땅의 신神을 모시고 일정한 영토 안에서 모여 사는 사람들을 말합니다. 또한 가치관, 언어, 문화가 같은 집단을 말하기도 합니다.

社 모일 사

會 모일 회

21. 제도(制度)

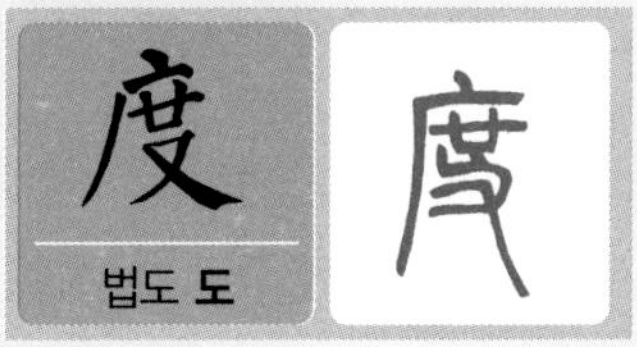

제도는 관습과 도덕과 법률 따위의 사회 규범을 나타냅니다. 제制란 글자에서는 웃자란 나무를 잘라내는 의미가 있기에 '강제성' 을 내포합니다.

22. 여민동락(與民同樂)

백성이 즐거워하는 것을 임금이 함께 즐거워한다는 뜻으로, 여與에는 손모양이 네 개가 들어있고, 동同은 여러 사람이 힘을 모아서 물건을 옮기는 형태이므로 '함께 한다' 는 뜻입니다.

23. 영화(映畵)

영화는 그림을 놓고 중앙에서 빛을 비추어서 보는 의미로 서양문화를 중국식으로 표현한 단어입니다.

24. 토론(討論)

토討는 죄인을 추궁하듯이 묻는 것을 말하고, 론論은 죽간의 차례를 세우기 위해서 서로 협의하는 것을 말합니다. 따라서 토론이란, 이치를 따지는 질문과 대답을 통해서 협의하는 것을 말합니다.

25. 권리(權利)

권權은 무게에 딱 맞는다는 의미가 있어서 권리는 '균형에 맞는 이득' 이라는 뜻입니다.

26. 등급(等級)

죽간을 만들 때 형태에 따라서 좋고 나쁨을 가려서 구별하는 것을 차등次等이라고 합니다. 과거에는 아무리 똑같이 만들었다 하여도 재료나 기술의 차이로 인해서 좋은 죽간과 나쁜 죽간이 있었습니다. 등等은 죽간의 좋고 나쁨과 급級은 비단의 좋고 나쁨을 말한 것으로 고대의 생활의 중요한 사물을 기준으로 해서 등급等級이라는 단어가 나온 것입니다.

27. ‘우리’ 또는 ‘나 (我)

나我는 나와 너, 나와 우리, 나와 가족, 나와 국가, 나와 세계처럼 ‘관계 속에서 밝혀지는 것’ 입니다. 이 세상 모든 것들은 관계를 통해서만 파악할 수 있습니다. 혼자 있는 대상은 설명할 수도 없고 파악할 수도 없습니다. 지금의 ‘나’ 가 어떤 존재인가는 과거-현재-미래라는 시간 속에서 관계된 대상들을 살핌으로써 파악할 수 있습니다.

28. 인간(人間)

인간은 혼자서 살 수 없고 더불어 살아야 합니다. 그래서 사람 인人으로 표현하지 않고, 간間을 사용해서 사람과 사람이 관계를 맺는 세상을 표현한 것입니다.

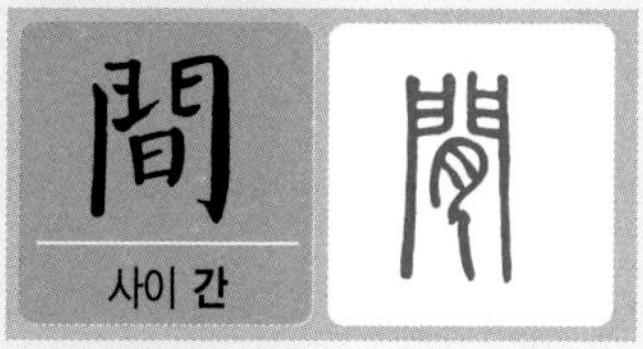

29. 이름(名)

이름은 사물이나 대상을 나타내는 약속된 기호입니다. 세상 사물들은 이름을 얻어야만 존재할 수 있습니다. 만약 여러분에게서 여러분의 이름이 사라진다면, 여러분은 무엇입니까? 이름은 사물과 사물을 구분하고 이해하는 기준이 된답니다.

30. 개념(槪念)

개념이란 한자는 참으로 재미있게 만든 글자입니다. 곡식의 양을 알고 싶을 때, 과거에는 곡식을 되에 넣고 평미레로 민 후 수량을 쟀습니다. 이와 같이 여러 생각을 모아서 대강의 뜻을 나타낸 것이 개념槪念입니다.

대개 **개**

생각 **염**

31. 시간(時間)

시간은 과거와 미래 사이에 현재가 있는 까닭으로, 사이 간間을 사용해서 시간을 표현한 것입니다. 시간과 시간 사이라는 의미입니다. 이것은 사람과 사람 사이를 '인간人間' 이라고 하는 것과 유사합니다.

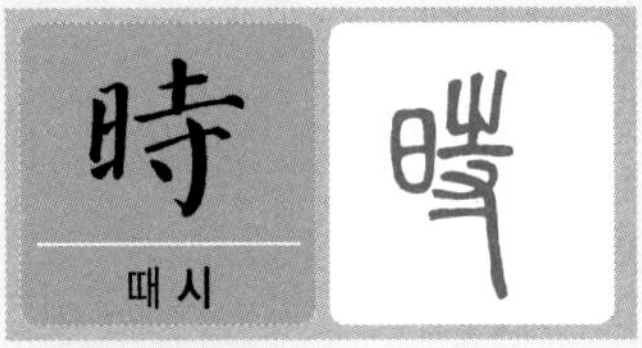
때 **시**

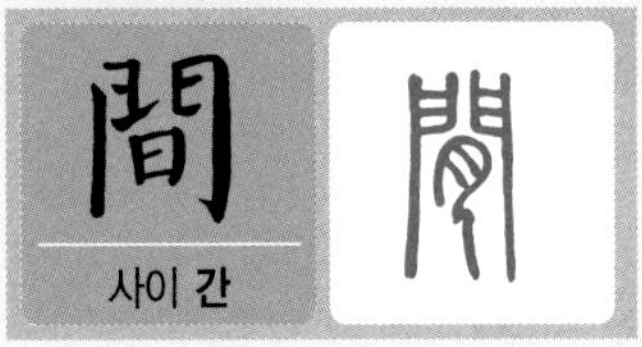
사이 **간**

32. 정신(精神)

정신에서 정精은 정미 된 쌀, 즉 생명의 근원을 나타내고, 신神은 신비로움의 뜻을 말합니다.

33. 감각(感覺)

감각은 우리 몸의 모든 기관을 통해서 어떤 자극을 느낀다는 뜻입니다. 감感에는 모두의 의미가 내포 되어있습니다.

34. 촉각(觸覺)

촉각은 피부에 닿아서 느껴지는 감각을 뜻합니다.

35. 선입견(先入見)

먼저 들어가서 본다는 의미입니다. 어떤 대상에 대하여 이미 마음속에 가지고 있는 고정적인 관념이나 관점을 나타냅니다.

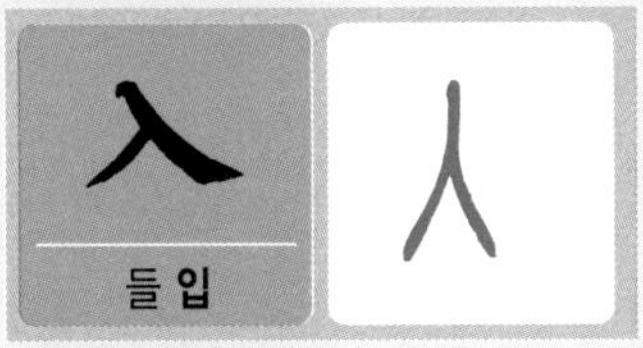

36. 무지(無知)

무지는 한자대로 해석하면 아는 것이 없다는 뜻입니다. 어린 아이는 불을 무서워하지 않습니다. 이것은 불에 대해 아는 것이 없기 때문에 두려움이 없는 것이지요. 이런 행동에서 알지 못해서 우악스럽다는 의미까지 확장되었습니다.

37. 군대(軍隊)

군대는 정해진 규율과 질서를 가지고 조직된 군인의 무리를 뜻합니다.

38. 책임(責任)

책임은 사람이 해야 할 임무와 의무를 맡긴다는 뜻입니다. 이 때문에 결과에 대해서는 상벌賞罰을 통한 제재를 받습니다.

39. 처벌(處罰)

처벌은 형벌에 처함이라는 뜻입니다. 그런데 이 글자의 의미에는 호랑이와 함께 살다는 뜻이 있습니다. 옛날에는 호랑이와 함께 살게 하는 벌도 있었나 봅니다.

40. 지구(地球)

지구의 한자 의미는 흙으로 된 둥그런 형상이란 뜻입니다. 태양에서 세 번째로 가까운 행성으로, 인류가 사는 곳을 말합니다.

41. 환경(環境)

환環은 둘러싸고 있는 것을 나타내고 경境은 우리가 살아가는 영역을 나타냅니다. 그래서 생활하는 주위의 상태나 영향을 주는 자연 조건을 말합니다.

42. 동물원(動物園)

소는 움직이는 동물 중에서 가장 소중한 것으로 고대 중국인들은 생각했습니다. 이런 이유 때문에 소를 뜻하는 물物을 사용해서 동물의 전체를 나타내게 되었습니다. 이런 동물을 일정한 시설에 가두어 두고 관람할 수 있게 해 놓은 곳을 '동물원' 이라 합니다.

43. 주관(主觀)

주관은 자기만의 견해나 관점을 나타냅니다.

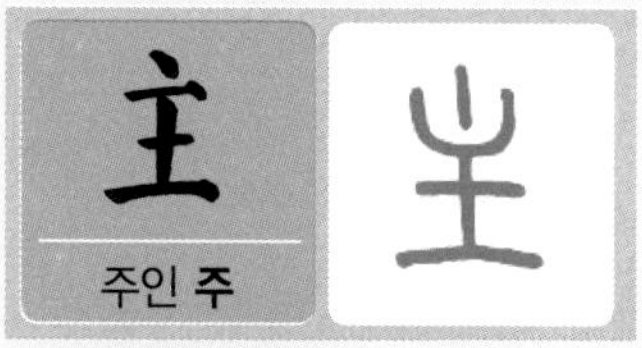

44. 미(美)

아름다움을 나타냅니다. 건장하게 성장한 사람이 짐승 털 등으로 장식을 한 모습을 표현한 것입니다.

45. 기준(基準)

기준은 '잘 다져진 평평함' 을 뜻합니다. 집을 지을 때 기초를 다지고 수평을 잡는 것에서 의미가 나온 것입니다. 여기서 기본이 되는 표준을 '기준' 이라 하였습니다.

46. 구별(區別)

구별은 성질이나 종류에 따라 뼈에서 살을 발라내듯이 정확하게 나누어서 구분하는 것을 말합니다.

47. 직업(職業)

직업은 자신의 생계를 위해 적성과 능력에 따라 계속하여 종사하는 일을 나타냅니다.

48. 경제(經濟)

경제는 경세제민經世濟民에서 유래한 것으로, 경세經世는 비단을 짤 때 날실을 정성스럽게 골라서 베틀에 거는 것처럼 세상을 경영하라는 뜻입니다. 그리고 제민濟民은 모든 백성들이 재물을 공평하게 나누어 가질 수 있도록 하라는 말입니다. 항상 수평을 유지하려는 물의 성질처럼 수평을 유지하여 백성을 구제하라는 뜻을 담고 있습니다. 경제經濟의 뜻을 살펴보면 정부가 못사는 사람들은 보호해야한다는 복지의 개념이 있습니다. 경제經濟라는 말은 일본에서 영어를 번역하는 과정에서 처음 사용한 일본식 한자어입니다.

49. 노동(勞動)

노勞는 일상적으로 일하는 것이고, 동動은 잡아온 노예가 힘써서 일하는 모양에서 움직이다는 뜻이 나온 것입니다. 이 두 글자의 결합인 노동은 자신의 일과 남의 일을 포함해서 움직여 일하는 모든 행위를 말합니다.

50. 구분(區分)

구분은 같은 물건을 일정한 기준에 따라 나누는 것을 나타냅니다.

區

구분할 **구**

分

나눌 **분**

51. 판결(判決)

판결은 옳고 그름을 판단해서 잘잘못을 결정하는 것을 말합니다.

判

판단할 **판**

決

결단할 **결**

52. 행복(幸福)

행복은 생활에서 만족과 기쁨을 느끼는 흐뭇한 상태를 나타내는 말입니다. 한자의 어원도 '범인을 잡아서 묶어놓은 상태', '신에게 좋은 술을 올려서 제사를 지낸 상태' 를 나타낸 것입니다.

53. 식량(食糧)

살아가기 위하여 필요한 사람의 양식을 나타내며, '양糧' 에는 공평하게 나누어야 한다는 의미가 내포 되어있습니다. 따라서 더불어 살아가기 위해서는 양식을 공평하게 나누어야 한다는 의미가 있습니다.

54. 평화(平和)

평화는 평온하고 화목함을 나타내는데, 한자의 결합도 공평하게平 쌀禾을 나누어 먹는口 모양과 우연하게도 일치합니다.

55. 자연(自然)

자연은 스스로 그런한 것으로 해석하며, 사람의 힘이 더해지지 아니한 저절로 이루어진 상태를 나타냅니다.

56. 과학(科學)

과학은 사물의 체계를 헤아려 등급을 나누는 학문으로 해석하며, 보편적인 진리나 법칙의 발견을 목적으로 한 체계적인 지식을 말합니다.

科

과목 **과**

學

배울 **학**

57. 생명(生命)

생명은 사람이 살아 있는 기간을 나타냅니다. 하늘이 명한 살아 있는 기간으로 해석하며, 동양에서는 죽고 사는 것은 하늘에 달렸다고 생각하는데서 유래했습니다.

生

날 **생**

命

목숨 **명**

58. 탄생(誕生)

탄생은 태어남을 높여서 말한 것이며, 조직이나 사업체가 새로 생긴 것을 말하기도 합니다.

誕
낳을/거짓 **탄**

生
날 **생**

59. 복제(複製)

복제는 본래의 것과 똑같은 것을 만든다는 뜻을 나타냅니다.

複
겹칠 **복**

製
지을 **제**

60. 기술(技術)

기술은 사물을 잘 다룰 수 있는 방법이나 능력을 나타냅니다.

技

재주 **기**

術

재주 **술**

61. 가족(家族)

가家는 집에서 돼지 등과 같은 재산을 나타내는 것이고, 족族은 무기를 들고서 자기의 영역을 지킨다는 의지를 표현하는 단어입니다. 따라서 가족이란 부부와 같이 혼인으로 맺어지거나, 부모 · 자식과 같이 혈연으로 이루어지는 집단이나 그 구성원을 통틀어 말하는 것입니다.

家

집 **가**

族

겨레 **족**

62. 입장(立場)

입장은 운동장에 서 있다는 뜻으로, 당면하고 있는 상황을 말합니다.

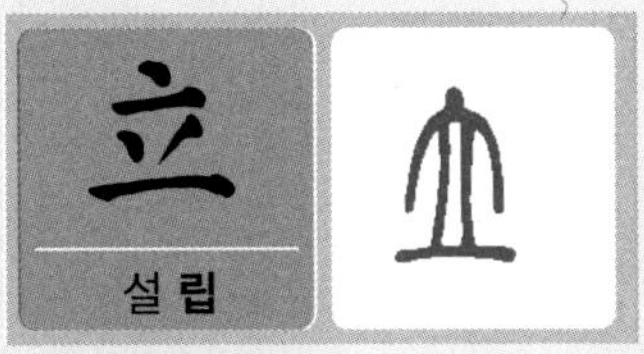

한자 속에 숨어 있는 논술

초판인쇄 | 2007년 3월 5일
초판발행 | 2007년 3월 10일

지은이 | 이수석 · 현희문
펴낸이 | 심만수
펴낸곳 | (주)살림출판사
출판등록 | 1989년 11월 1일 제9-210호

주소 | 413-756 경기도 파주시 교하읍 문발리 파주출판도시 522-2
전화 | 영업부 031)955-1350 기획편집부 031)955-1365
팩스 | 031)955-1355
이메일 | salleem@chol.com
홈페이지 | http://www.sallimbooks.com

ISBN 978-89-522-0617-6 43100

값 10,000원